緒方郁蔵伝
――幕末蘭学者の生涯――

古西義麿 著

思文閣出版

緒方郁蔵肖像
上：口絵1（岡山県　大戸家蔵）　下左：口絵2（富士川游模写）　下右：口絵3（岡山県　大戸家蔵）
口絵3は、戦前に大戸家が画師に描かせたもの。以来緒方郁蔵の顕彰に欠かせないものとなった。

口絵4　緒方郁蔵肖像（愛媛県　大洲市立博物館蔵）
写真裏面に「大阪病院医師緒方郁蔵」と墨書。

口絵5　緒方郁蔵肖像（愛媛県　大洲市立博物館蔵）
写真裏面に「緒方洪庵ノ養子緒方郁蔵」と鉛筆書きあり。
『三瀬諸淵展図録』（愛媛県歴史文化博物館、2012年）では、「緒方惟準」と推定しているが、疑問点が残る。

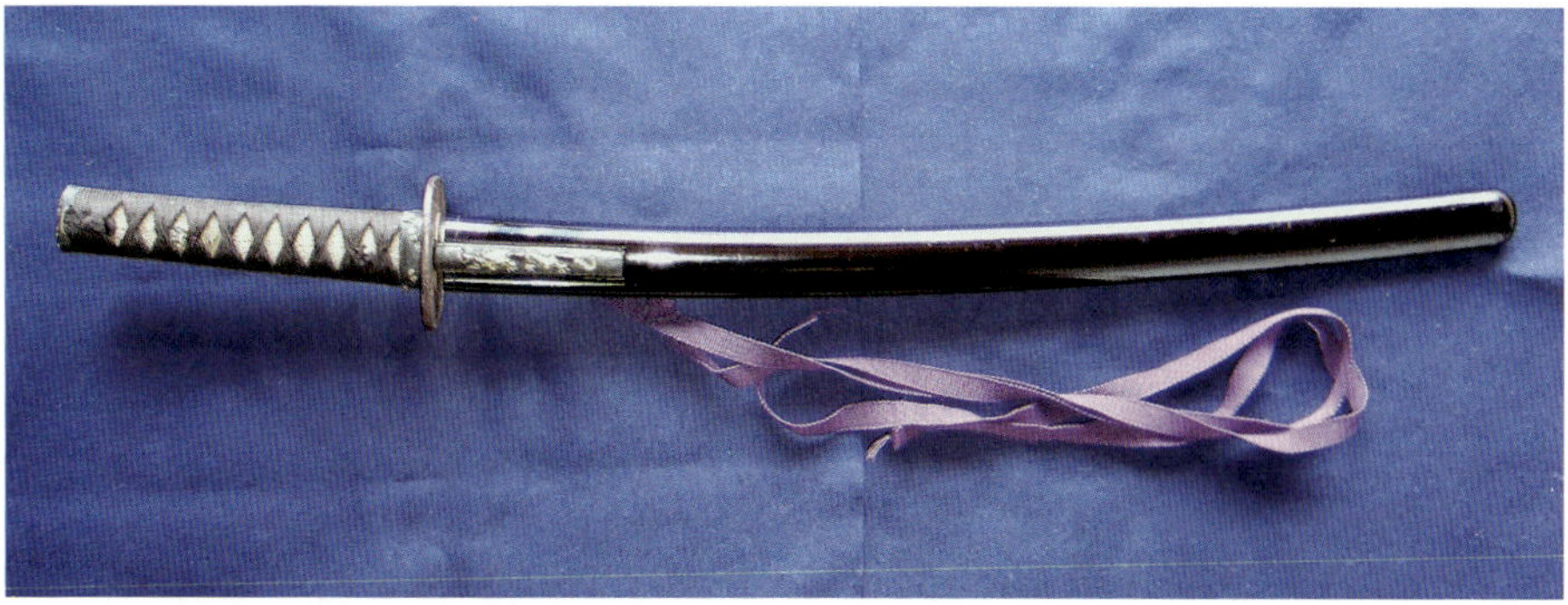

口絵6　緒方郁蔵使用の脇差(備前長船祐定、鞘の長さ51.6cm ／岡山県　大戸家蔵)
土佐藩勤務時(安政元年〜明治元年の15年間)に用いたものか

口絵7　緒方郁蔵が使用した薬箱
上：外観　下：蓋を開けたところ
(緒方家旧蔵)

口絵8　緒方郁蔵（中）夫人栄子（左）長男太郎（右）墓碑（大阪市　龍海寺）

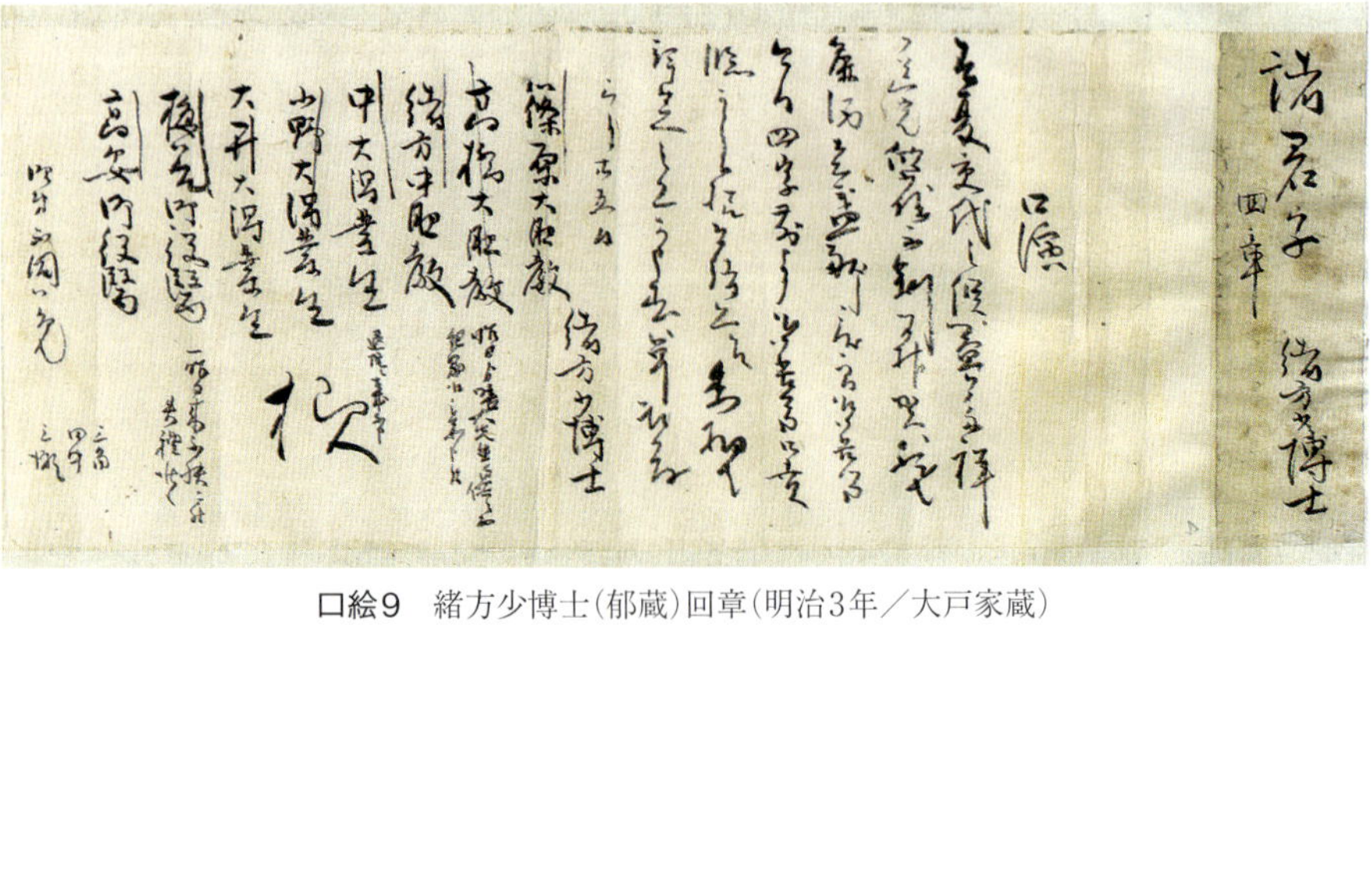

口絵9　緒方少博士（郁蔵）回章（明治3年／大戸家蔵）

はじめに

日本においては、古代以来それぞれの時代に外国の文化を摂取して新たな生活が築かれてきたが、江戸時代の、とくに幕末においては、医学などを中心とする蘭学が日本の文化に少しずつ根づいてきた。大坂でも幾多の先学が蘭学をとりいれた。なかでも、医師緒方洪庵の開いた蘭学塾の適塾は多くの人材を育てて、日本近代化の大きな力となった。

大戸《おおど》（緒方）郁蔵《いくぞう》はその適塾に入り、洪庵と義兄弟となって緒方姓を名乗り、のち独立したが、本書ではその郁蔵の生涯を振り返ってみよう。その一生は明らかでないことも多いが、残された資料から彼の生き様をたどってみることとする。まず本書を手にとられた読者が、緒方郁蔵とはどういう人なのか最初に知っていただくため次にその概要を記しておこう。

緒方郁蔵（文化十一＝一八一四年〜明治四＝一八七一年）は備中国簗瀬村で生まれた。名は郁、字は子文、俗称郁蔵、研堂は号、また独笑軒主人と号した。幼少にして山鳴大年《やまなりだいねん》に漢籍を学び、長じて江戸の昌谷精渓《さかやせいけい》に漢学を学んだ。さらに江戸の坪井信道《つぼいしんどう》に蘭学を学んだが、父の命で帰郷して、自宅での勉学となった。天保九年（一八三八）同門の緒方洪庵が大坂で蘭学塾の適塾を開いたので、山鳴弘斎《やまなりこうさい》とともに入塾し、多くの医書を翻訳して適塾の発展に寄与した。弘化元年（一八四四）頃に開業し、蘭学塾・独笑軒塾を開いた。嘉永二年（一八四九）には洪庵らの始めた大坂の除痘館《じょとうかん》にボランティアとして参加して、翌嘉永三年、種痘書『散花錦嚢《さんかきんのう》』を適適斎蔵板で刊行している。一方で、みずからの研究書『日新医事鈔』シリーズで二冊の出版を行い、続刊も企画されていた。

安政年間に入ると、大坂在住のまま、土佐藩から蘭書の翻訳や藩士の教育を依頼された。慶応二年（一八六六）、土佐藩が開成館を設け、郁蔵は医局の教頭に就任すべく土佐に赴いた。明治元年帰阪して大阪仮病院の設立に参加し、大阪医学校で翻訳に従事し、同四年（一八七一）に亡くなった。この時期に翻訳されたものはボードインの講義録『官版日講記聞』十一冊や、エルメレンスの講演録『開校説』である。

本年（平成二十六年）は緒方郁蔵生誕二百周年にあたり、そうした機縁もあって記念の出版をすることとなった。お目通しいただければ幸いである。なお、緒方郁蔵は明治二年（一八六九）、大学少博士に任ぜられ、正七位に叙せられたが、大正八年（一九一九）、没後五十年を記念して従五位の位階追贈を受けている。

肖像画について　緒方郁蔵の肖像画は本書カバーや図1〜6（iv頁）にあるように、現在六点が知られている。最も早くその存在が広く認められたのは、日本医史学研究の第一人者・富士川游氏が明治二十九年（一八九六）発行の医学雑誌『中外医事新報』所収「緒方郁蔵先生」小伝中に掲載した模写像（図4）である。その末尾に次のようなことが書かれている。

備中ノ儒、坂（阪）谷朗廬撰フ所ノ墓誌ヲ見ルニ。先生ノ履歴性行紙上ニ躍出シ恍トシテ其人ヲ見ルガ如シ。乃チ仮字ヲ挿ミ、コ、ニ之ヲ掲グ。伝中ニ挿メル像ハ緒方氏ノ家ニ秘蔵セラル、モノヲ借リテ摹セシナリ。謹テ緒方氏ノ厚意ヲ謝ス（明治二十九年三月一日富士川游記）

この追記によれば、明治二十九年（一八九六）現在、緒方家にはすでに郁蔵の肖像画が存在していて、それを摹《ぼ》すなわち模写あるいは素描したのである。

『贈位郷賢事績展覧会記念誌』（大正十三＝一九二四年刊）によれば、この展覧会に緒方郁蔵の三男・四郎氏が「独笑軒塾法附門生姓名」など七点を出品し、そのなかの一点に「緒方郁蔵写真」とあるので、富士川游氏閲覧の肖像画はこれを指すものと思われる。なお、これらの展示品のうち、「独笑軒塾法附門生姓名」は大正八年（一九一九）に行われた位階追贈関係資料のなかに複写されて残ったが、郁蔵写真をふくむ展示品のすべては第二次世界大戦中の大阪空襲のため焼失したとみられる。

現存する六点の肖像画（写真）のうち、現在緒方郁蔵の生家・大戸家の床の間に飾られている肖像画（図３）についてその由来を大戸家に問い合わせたところ、戦前に岡山で行われた皇御国《すめらみくに》展開催にさいして、事務局から何か出品して欲しいと頼まれ、当主・安《やす》氏が大戸家所蔵古写真（名刺の半分弱の大きさ／図１もしくは次に述べる図２）を使用して井原町（現：井原市）の今岡写真館に依頼して描かせたものであるという。この肖像画の作成法は古い写真を「エアブラシ」という写真修正術を使って描かせたもので、神戸などの専門業者に発注したと思われる（井原市の石井写真館・石井義浩氏のご教示による）。

大戸家にはもう一枚の肖像画（図２）がある。普段は図３の肖像画を収めた額縁のなかに収蔵されていてみることはできない。図２と図３を並べてみると、両者の元本は同一ではないかと思われる。図２は写真であって、左下角に「備中井原町井シイ」（現：石井写真館）の名がみえる。石井写真館は明治二十七年（一八九四）の創業と伝えられるので、本人を写したものとは思えないが、図１（今は痛みがひどいが）から作成したとも考えられる。図４（富士川游氏模写）も図１に準ずる写真（四郎氏宅のもの）で描かれた可能性がある。というのも、図１にある「故大学少博士正七位」の肩書きは明治二年に授与され、同四年に没するまでの間に撮影された写真であるが、「故」となっている理由は郁蔵が没した後に作成されたもので、当時は珍しかった写真が何かの記念に（葬儀のさいなど）配布された可能性がある。従って、富士川氏模写の原本である緒方四郎家蔵郁蔵肖像画（図0）と大戸家肖像画（図1）は同一ではないかと思われる。

緒方四郎家蔵
緒方郁蔵写真

図0

（両者同一か）

図1　大戸家蔵①

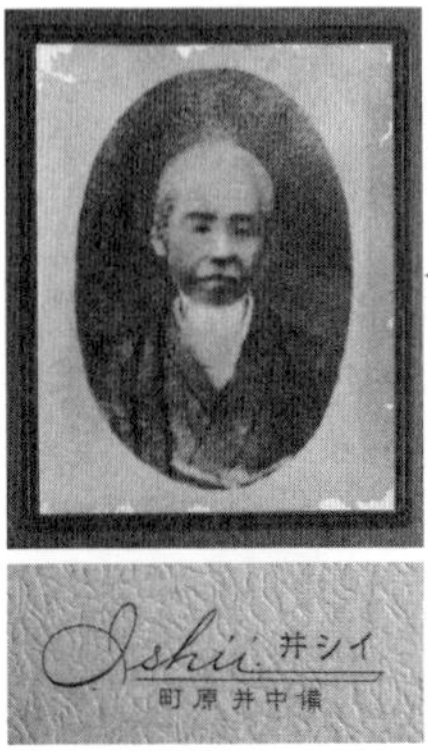

図2　大戸家蔵②

図3　大戸家蔵③

図4　富士川游模写像

図5 大洲市立博物館蔵

図6 大洲市立博物館蔵

これらの肖像画とは別に、大洲市立博物館（愛媛県）には緒方郁蔵の肖像写真が二枚所蔵されている（図5・6）。一枚は帽子をかぶったもので（図5）、最近よく使用されている。残る一枚は総髪で刀を腰にさしたものである（図6）。この二枚の写真は昭和四十六年（一九七一）、大洲市が三瀬《みせ》諸淵《もろぶち》先生遺徳顕彰会より関係資料の寄贈を受けたものにふくまれていた。昭和五十三年（一九七八）大洲市立博物館が開館したさい、遺品・写真資料が博物館に移管された。図5の写真裏面に「大阪病院医師　緒方郁蔵」とあり、図6の裏面には「緒方洪庵ノ養子郁蔵」とある。大洲市立博物館では図6も緒方郁蔵とみなしたが、それを借用して平成二十五年（二〇一三）に展示した愛媛県立歴史文化博物館では緒方惟準と標記している。

目次

緒方郁蔵伝

――幕末蘭学者の生涯――

第1章　生い立ち——誕生から適塾入門まで——

第1節　生い立ち——家族の動向と山鳴大年の漢学塾——

大戸（緒方）郁蔵は備中国後月《しつき》郡簗瀬村の出身であるが、同村は明治以降に近隣の町村と同じように合併を繰り返し、現在は岡山県井原市芳井町簗瀬となっている。明治二十二年芳水村簗瀬、同三十七年芳井村簗瀬、大正十三年芳井町簗瀬、平成十七年（二〇〇五）三月一日、井原市芳井町梁瀬となる。簗瀬の周囲はどんどん土地開発されて変わってきているが、大戸家とその周辺は現在もなお田舎の雰囲気が残るよいところである（図1）。大戸家の入り口には、「緒方研堂旧宅」の顕彰碑が建立されている（図2）。大戸家はもともと藤原姓であったが、宝暦五年（一七五五）、同じ備中国小田郡西大戸村（現：笠岡市内）から当時の備中文化の一中心地、簗瀬に移住し、そのとき大戸姓に改姓としたと伝えられる。

大戸（緒方）郁蔵は大戸万吉の長男として、文化十一年（一八一四）に生まれた。名は郁、字は子文、独笑軒・研堂はその号、通称が郁蔵である。大戸家の略系図を示した（図3）。大戸家は一男五女であったが、郁蔵は十四歳にして江戸に出たが故あって帰郷するなど行く末が決まらないままに歳月が経過して、後述のように、郁蔵二十五歳にして再度三都（大坂）に出たため、五女のすへ（すみ）が養子を迎えて跡を継いだ。以来今日ま

図2 門前の顕彰碑（昭和18年後月郡教育会）

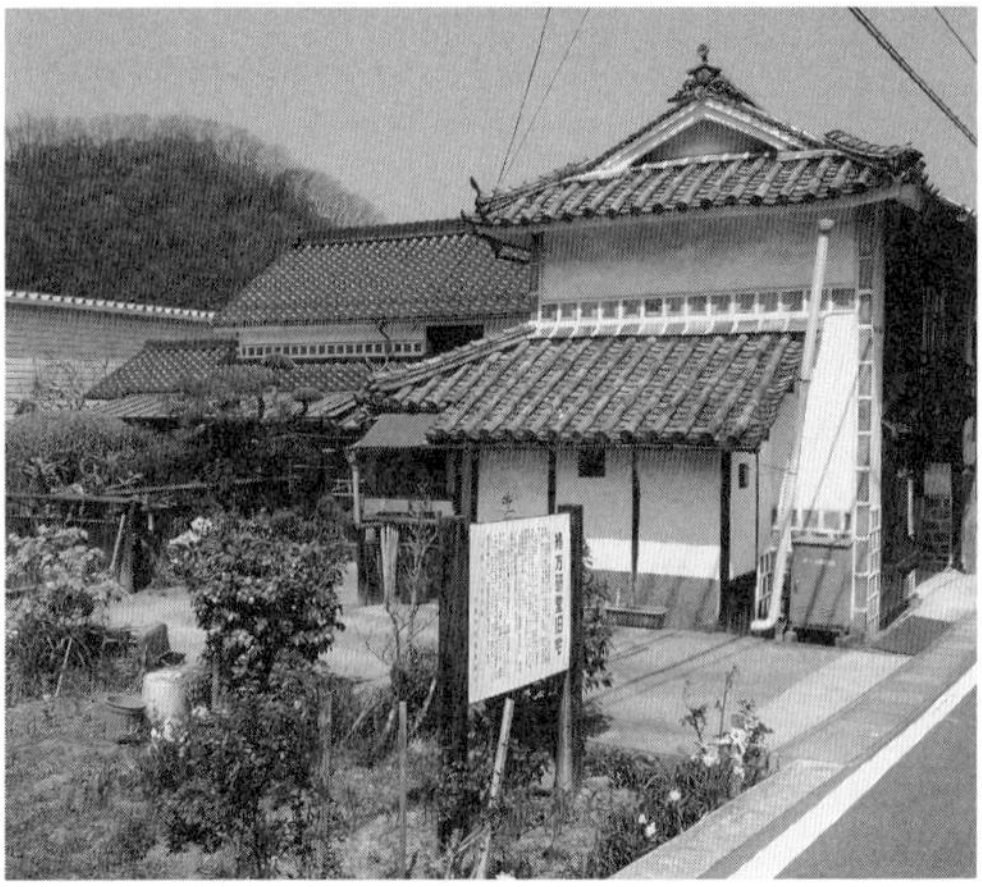

図1 緒方郁蔵生家　この生家は母屋の瓦以外は大戸（緒方）郁蔵生誕時とほとんど変わっていないという

図3　大戸家の略系図

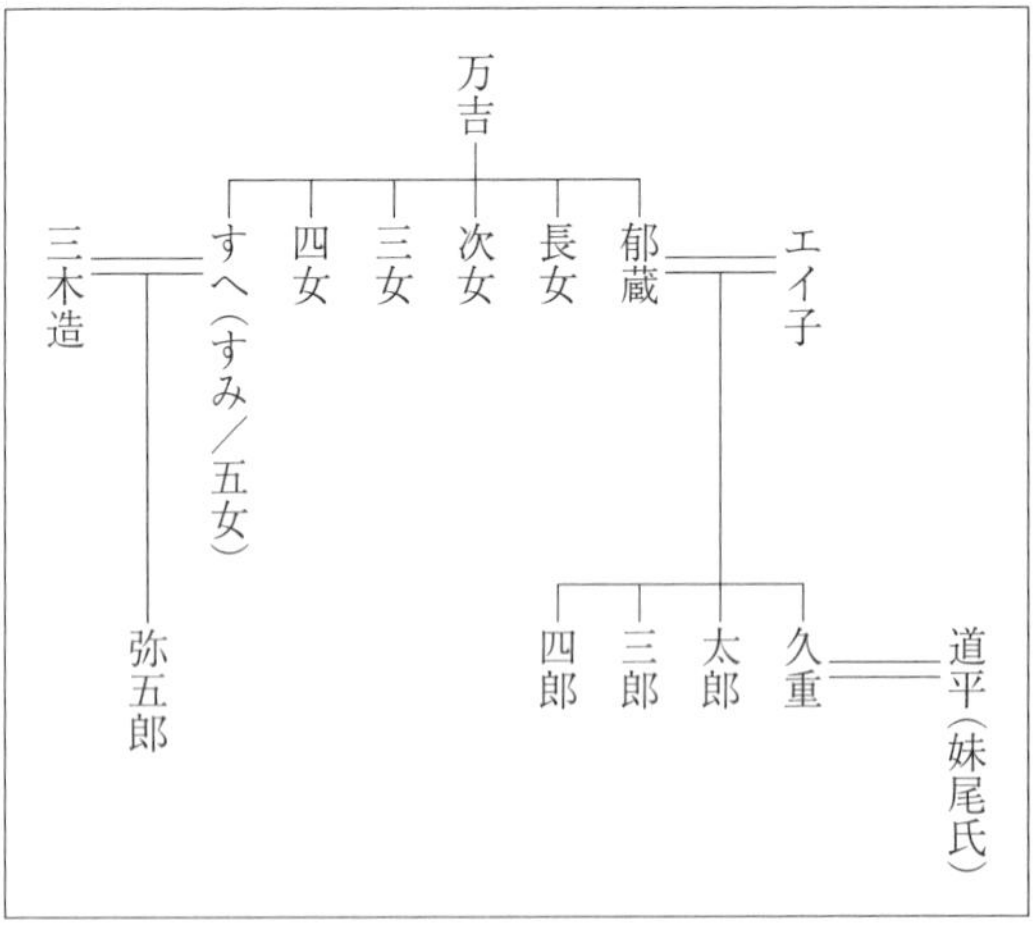

で五代続いている。一方、郁蔵は晩婚で、しかも五十代で没したので、妹尾道平を養子に迎えた。詳しくは後述する（第4章第5節／八二頁）。

大戸家には、裏表紙に「藤原幾蔵」と署名した『手習草紙』などが残されており、また郁蔵は九歳の頃から五年（文政五～九年）ほど同村に住む山鳴大年《やまなりだいねん》のもと（桂園塾）へ漢籍の勉強に出かけていることから、勉強好きの子どもであったに違いない。山鳴大年はもともと医業（蘭方医）を生業《なりわい》としていながら漢籍を教えたが、郁蔵が最後に医学の道に進んだことについて、なにがしかの影響を与えたかもしれない。山鳴大年の養子・山鳴弘斎《こうさい》は郁蔵と同い年であり竹馬の友であった。この二人はともに山鳴大年塾に学びその後も行動をともにした。八歳年下の漢学者・阪谷朗廬《さかたにろうろ》とは机を

図４　山成家と阪田家のかかわり

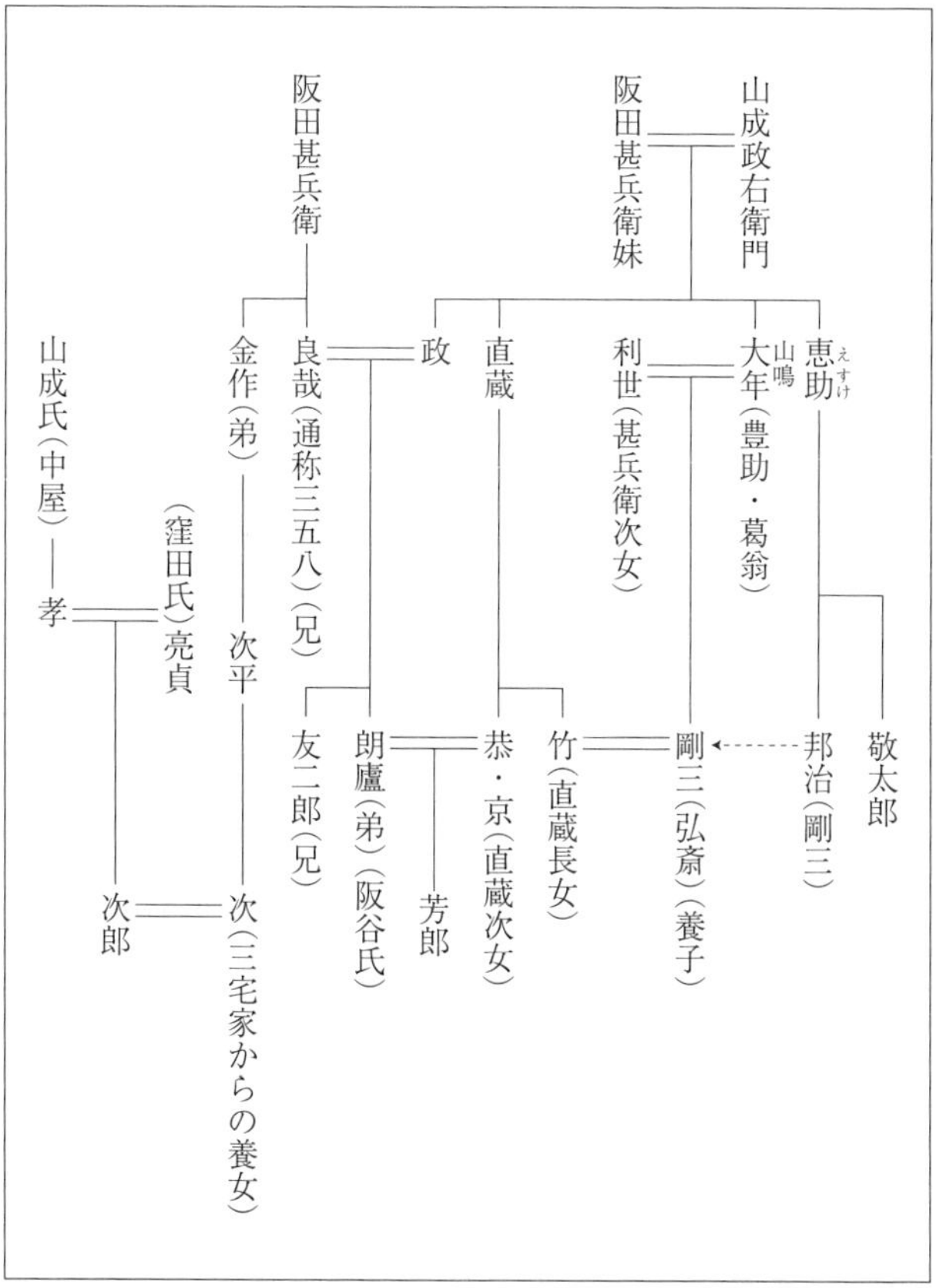

並べてともに学ぶことはなかったかもしれないが、大年塾の後輩として交わりがあり、姻戚関係にもあった（図4）。

阪谷朗廬は晩年にいたって先に没した郁蔵の墓碑銘など三つの文を書き残し、のちの郁蔵研究の基本資料となっている。「研堂緒方先生碑（以下、碑文）」「研堂緒方先生墓喝銘（大戸家所蔵一枚刷り碑文）」と、「独笑軒《どくしょうけん》記《き》」である。これらは第5章(2)～(4)に収めている（一一三～一二一頁）。

まずは第5章(2)「研堂緒方先生碑」（碑文）から一部引用する。この碑文は結局墓碑に刻まれなかった。

先生、備中簗瀬村の人、備中は時として人並み優れた人物を産む。近世の医術の分野では二人いる。一人は緒方洪庵、もう一人は先生である。先生、名は惟嵩、字は子文、郁蔵と称する。本姓大神、後に緒方氏となる。父万介、母は大戸氏（古西：読み下し）

右のうち、「本姓大神、後に緒方姓となる。父は万介、母は大戸氏」にはいささか問題がある。適塾記念会が発行した『適塾門下生調査資料』第一集に阪谷朗廬撰「研堂緒方先生喝銘」が収録されている。この碑文はかつて一枚刷の謄写印刷（ただし、その名称は「研堂緒方先生墓喝銘」）にして関係者に配られたらしく、大正十三年（一九二四）、大阪での贈位郷賢事績展覧会に郁蔵の三男・四郎氏が「郁蔵墓碑銘印刷物一通」として出展している。また、郁蔵の生家に住む大戸氏の子孫（郁蔵の末妹すへの後裔）大戸敏弘氏宅にも同じものが所蔵されている。この一枚刷版は『朗廬全集』所収の碑文と本来同文であるべきものであるのに相違点があり、誤りも多いが、問題の個所は「本氏大戸、後緒方氏となる。父は万吉、母はまた大戸氏」とあり、この一枚刷りの方が正しい。実は緒方氏は大神姓であることに由来し、朗廬はこの由緒ある「大神」を用いたが、郁蔵の近親者が本来の旧姓「大戸」に訂正したのであろう。あわせて万介も万吉と訂正した。

第2節　江戸における漢学塾・昌谷精渓塾と蘭学塾・坪井信道塾

郁蔵は郷里の簗瀬で漢籍を学んだのち、さらに十四歳から六年間（文政十～天保三年）の間、同郷（備中国川上郡九名《くみょう》村／現：井原市内）の出身で江戸在住の津山藩儒昌谷精渓《さかやせいけい》のもとで山鳴弘斎とともに漢学を修めた。これは山鳴大年の勧めと援助によるものといわれる。かれの優れた才能が認められたのであろう。

昌谷精渓に学ぶところまでは両親も認めるところであったと思われるが、天保四年（一八三三）二十歳にして坪井信道《つぼいしんどう》の塾で蘭書の勉強を始めた。山鳴大年に援助を受けている身として坪井塾に移れば、援助の継続は難しいかもしれないし、両親としても子どもが今はやりの、異国の本を勉強することに抵抗があったのであろうか。翌天保五年（一八三四）父の命令が出て、帰郷したのではないかと考えられる。同年二月には江戸で大火事があり、師の昌谷精渓宅が類焼したという知らせが郷里にも伝えられた。郁蔵は無事ではあったものの、こんな危険な江戸を嫌った父が帰郷命令を出したとも推測される。なお、山鳴大年はこの江戸の大火事のとき、笠岡で一時開業していた。この火事で、大年の医師仲間の一人で、笠岡に住む関立介（晁翁）の子息で江戸在住の宗太郎らは無事であったが、同時に郁蔵も被災しなかったことが宗太郎の書状に認められていて、江戸における交流の一端も明らかになった。

郁蔵にとって坪井塾の一～二年にも満たない留学期間にも大きな収穫があった。すなわち、同郷緒方洪庵との出会いである。坪井塾における山鳴弘斎と三人での蘭学修行は刺激の多い時間であったろう。そして、後述するように、天保九年（一八三八）、適塾開塾にともない今度は師弟の関係として再び学舎をともにすることとなる。こうしたかかわりは師・坪井信道においても感じることがあったに違いない。適塾が開塾したあとの、天保九年十月三日付の江戸の坪井信道から洪庵に宛てた書状のなかに次のような一節がある。

［天保九年］八月廿七日付けのお手紙、先達て頂きました。……この節益々ご盛業で、門下生も豪傑が次々と入門されておられる由、お慶び申します。……剛三、郁三両子へ宜しくお伝えください。

（古西：読み下し）

数年前に退塾した弟子を忘れることなく伝言していて、在塾中に留意すべき門生であったと推測されよう。

第3節　郷里における蘭学修行――「ヅーフ・ハルマ字書」の筆写――

郁蔵は天保五年（一八三四）に帰郷させられ、後述するように、同九年（一八三八）に上坂して適塾に入るが、この五年間をどのように過ごしたのだろうか。郷里にいるはずの恩師・山鳴大年は郁蔵らが江戸に出かけた頃の文政十年（一八二七）から天保十二年（一八四一）九月までの十四年間、約二十キロ離れた笠岡（現：岡山県笠岡市）で医業を行った。郁蔵の幼少期は漢籍の勉強が主であり、江戸に出かけた頃はどの道に進むか不明であったろうが、坪井塾に入り、あるいは洪庵との出会いの後は蘭学志向が強まったのではないだろうか。そして、郁蔵は医学について教えを請うため、訪笠して大年に教えを請う時期もあったろう。そんななかで、次のような驚くべきエピソードが伝えられている。

刺激の少ない郷里での勉学は孤独とのたたかいとみられるが、松本端著「研堂緒方郁蔵先生伝」（略称「郁蔵略伝」）によると、次のような記載がある。天保七年（一八三六）頃、岡山の某医が「ヅーフ・ハルマ字書」（図5）という蘭和辞書を持っていることを聞き、多数の月日をかけてこれを写しとったというのである。同字書ができてわずか三年後のことである。辞書の所有者がその近くだったのだろうか、岡山吉備津神社門前町の宮内遊廓に宿泊し、町の雑沓に今夜は何の日かと尋ねて、始めて大晦日の夜であることを知ったという逸話が残されているほどに、郁蔵が如何に筆写に集中していたかがわかろう。この宮内遊廓と簗瀬は直線でも四十キロあるので、時に弁当を持って通い、また宿泊したことも多かったと思われる。

ちなみに、この「ヅーフ・ハルマ字書」は、長崎の出島に長く滞在した和蘭商館長ヘンドリク・ヅーフが、日本との交渉で和蘭《オランダ》通詞《つうじ》と話すさいに、なかなかスムーズにいかないので、古参通詞の協力を得て辞書を作ろうと考え、文化九年（一八一二）、当時手元にあった蘭仏辞典を使って、蘭日辞典を作り始めたものである。完了（ただし稿本）したのは天保四年（一八三三）のことで、ヅーフが帰国した後だったが、何冊かの複本を作成して幕府に献上したり、江戸の天文方や長崎奉行所などに備えた。これは当時としては最大・最良の蘭日辞典であったからさかんに利用され、筆写された。残された写本を見ると、冊数や判型もさまざまである。例えば旧大槻家本（静嘉堂文庫所蔵）「道訳法児馬」の場合、全八冊、縦三十六センチメートル、横十九センチメートルで各頁は三十行の罫紙に書かれている。頁を算出すると全三〇四五丁（六〇九〇頁）である。見出し語は筆記体で、訳語は楷書体で縦書き、収録語数は約五万である。五万語といえば、中学生から高校生が使用する英和辞典の規模に近い。当時の蘭学生が本書によってどれほど助けられたかは、福沢諭吉の『福翁自伝』や長与専斎の自伝『松香私志』に詳しい。本書は安政二年（一八五五）以降に幕府の官医桂川甫周が改訂し、『和蘭辞彙《じい》』として刊行された。

図５　ヅーフ・ハルマ字書

坪井塾に入るまでの山鳴大年塾と昌谷精渓塾の二塾における漢籍の勉学期間は十年あまりになり、漢語的文章表現には長《た》けていて、日本語についても学ぶところが多かったと思われる。「ヅーフ・ハルマ字書」を筆写してのちも大坂へ出てくるまでには田舎生活の期間はさらに一〜二年あったと思われるが、その間の蘭学研究はかなり進んだに違いない。

第4節　緒方郁蔵の適塾時代

天保九年（一八三八）四月初め、緒方洪庵が適塾を開いた。そして、同郷の山鳴弘斎とともに郁蔵は入塾した。昌谷精渓塾や坪井信道塾に学び、そのうえ「ヅーフ・ハルマ字書」を筆写して勉強していた郁蔵はこの入門時にすでに二十五歳になっていた。入門日は先に引用した坪井信道の書状から見て、八月前後とみられる。そして、坪井塾での先輩が今度は師匠になった。しかし、これまでの二〜三年間に「ヅーフ・ハルマ字書」を筆写し、この字書を片手に蘭学を勉強していると、他の塾生とは全く異なった立場にあったのではないか。その地位を示す言葉としては塾監や塾頭でもなく、適当な言葉が見当たらないが、「顧問」とでも名づけられようか。とにかく洪庵の高弟として医業や適塾運営の一部を分担、補佐し、一般の塾生とは別格であったと思われる。

しかし、ひょっとすると、郁蔵は塾生の勉強会などには出席していない可能性もある。酒を飲みながら本を読み、翻訳するというのが日常ではなかったか。一般の塾生には郁蔵が何をしているか理解ができない。朗廬の碑文には次のような記述がある。

先生、性格は落ち着いていて物静かで、一日中話すことなく座っている。人はこれを見て愚かな人ではないかという。独り本を読み、病を診察する。それは秀でてさとく、精確であった。……日々好むのは本と酒、独酌独誦して、終日飽きることが無い。……人との応対は飾り気がないが泥臭く、悪口・賞賛は度外視することで、人々は罵り笑うが、終には先生の優れていることを認めた（古西：読み下し）。

こうした郁蔵を塾生が理解できず、そのため、塾生と郁蔵との間で摩擦があり、揶揄《やゆ》する風潮があったことを示す記録も残されている。身なりをかまわないことも加わって、そうした風潮もやむを得ないのかもしれない。号の独笑軒などはこうした郁蔵をよく象徴しているといえようか。人との応接に飾り気なく、世事に留意しないことは郁蔵の大きな欠点ともなり、誤解を招くが、やがてはその特性が認められていく。こうした郁蔵は洪庵にとって大切な研究仲間になっていったに間違いない。その代表は『扶氏経験遺訓』の翻訳であることをここに明記しておこう。詳細については第2章第4節の医学研究でふれる（二六頁）。

こうした郁蔵をめぐって、二つのエピソードを紹介する。「郁蔵略伝」によると、塾内で先述のように郁蔵を揶揄したような風潮が広がったことがある。そんななか、郁蔵は手持ちの「ヅーフ・ハルマ字書」（写本）から三部複製して売却し、三百金を得ると、大坂新町（遊廓）に出かけ、一夜で遣い切った。その結果、何かと郁蔵を誹謗中傷していた門人も啞然として驚き、それからは何もいわなくなったという。堅物と思われていた郁蔵の、この動向に驚きと安心もあったのだろうか。ただ、これは比喩的な話しではなかったかと思われる。

いま一つは普段の無頓着さからの事件であった。これも「郁蔵略伝」に記されているのだが、洪庵夫人の八重が歳末に郁蔵へ黒羽二重の紋付および羽織を一着新調してプレゼントした。おそらく着ていた着物があまりに汚れていたり、痛んでいたからだと思われるが、郁蔵はいただいた着物をそのまま着替えることがなかったので、夫人は困却したとある。これと関連するのではないかと思われる資料がある。堺女子短期大学名誉教授の浅井允晶氏のご教示によると、嘉永四年（一八五一）、橋本左内から笠原良策宛の書状に次のようなことが書かれている。

［飯田］柔平退塾の義、実は緒方家令内（古西注：ここでは洪庵夫人の八重を指すものと思われる）と不和にて万事意に従わない故の事です。先年郁蔵が別家したさいも同様のことと察しています（古西：読み下し）

適塾門人飯田柔平は八重と確執があって退塾したが、先年郁蔵が別家したのも同様な理由によるものと思うと記されている。これが本当ならば、郁蔵の無頓着さは単に八重が困却したことにとどまらなかったわけである。ただ、この郁蔵退塾の件は、天保九年（一八三八）に入塾して弘化元年（一八四四）に退塾したとすると、すでに足かけ七年となり、八重との確執があったとしても退塾とは切り離した方がいいかもしれない。

それよりも、この書状は思いがけない情報をもたらしてくれる。第2章第1節の独笑軒塾開塾年代のところでとりあげているが（一五頁）、郁蔵は弘化元年に独笑軒塾を開いた（著者は三十七年前に「緒方郁蔵と独笑軒塾」という論文で論証した）。しかし一方で開塾年は万延元年（一八六〇）という説がいまだに消えない。しかし、この嘉永四年の書状は開塾八年後ながら、弘化元年説を示している。

第5節　養子問題と洪庵との義兄弟——緒方姓を名乗る——

養子問題というのは、在塾二年目（二十七歳）の天保十一年（一八四〇）九月、京都の蘭方医長柄春龍《ながらしゅんりゅう》（美濃の人で京都在住）家から郁蔵を養子に迎えたいという話である。養子先の長柄春龍（名は為質）は京都でも名の知られた医師で、洪庵が『病学通論』を著わすにさいして参酌した蘭書のうち、コンスブリュックの病理学書を「公斯貌律屈病理書」の書名で訳している。また、長柄春龍は京都の有信堂という種痘社の有力な社中であった。このような長柄春龍に懇望され、洪庵も賛成し、また郁蔵も望んでいたにもかかわらず、郁蔵の養子問題は父の不許可で膠着状態にあった。そこで、洪庵は山鳴大年・直蔵兄弟に説得を依頼したのだった。その文面は愛弟子郁蔵を手放すことは不本意ながら、彼の将来性を考えたうえでの配慮が感じられる。

これについて、天保十一年九月十二日付で、緒方洪庵が郁蔵の郷里在住の山鳴大年や、その弟の直蔵宛に出した書状が残されている（第５章(7)—①／一三〇頁）。また、その一日前の九月十一日付で当の郁蔵が山鳴大年に書状を出している（第５章(7)—②／一三一頁）。これら二通の書状はおそらく同時に山鳴氏に届けられたことだろう。②の郁蔵書状の一部を紹介しておこう。

私は今まで何の遠慮もなくのんびり、なすことなく年を重ね既に二十七歳になったものの、未だ独立も出来ずにいることは残念なことです。今もって浅学で人に服し、言葉たらずでこれから開業しても人に知られることは期待できず、悔いています。今後私のような者が独立するには学力あるか、かしこい才能があるか、或いは名家に依拠するのでなければ、とても難しいことと考えます。さりとて今更田舎に帰って暮らすのは、私の生死が誰にも知られずに暮らす草木と同じです。たとえ餓えの恐れがあろうともそれは厭にございます。この考えを考慮してご意見をお聞かせいただければ幸いに存じます。

今年夏、大坂で直蔵様にお会いし、私案をご相談申しましたが、それは帰郷して相談すべしと……。その後の御返事には、独立開業は可、先にお伝えした私案は不可と、何よりお父上の意向に逆らうことは止められよ、と申されます。それで見合わせておりましたところ、再度お話があり、いろいろと案じております。直蔵様と父とに御相談下され、可否をお聞かせ下さい（古西：読み下し）。

養子一件は適塾に郁蔵ありという評判を聞いて申し込まれたものであろう。このとき郁蔵は適塾入門後二年余りを経ているが、みずからの評価は二十七歳になっても独立できず、学力もなく、また人を統率する力もないので、今回の養子一件は現在の自分に最適だ。太志を抱いて郷里を出た以上、たとえ苦しくとも、帰郷はしたくない、というものだった。これは明らかにみずからを過小評価していて、それがまた郁蔵の性格を物語るものであるが、学問的には当時すでに自己の評価をはるかに上回るものを身につけていたことは間違いない。

右の養子一件は父の賛同が得られないままに終わっているが、実はこの問題は洪庵が郁蔵を義弟とした大きな動機になったのではなかろうか。洪庵は郁蔵の学才のすばらしさと、統率性に欠ける面を考慮して、身近で相補いながらやっていこうとしたのではないか。そうしたことから、郁蔵が緒方姓を名乗ったのは、その四年後の弘化元年（一八四四）、郁蔵が独立して独笑軒塾を開いたとき（開塾年代については次章で検討する）であろうと推測しておこう。

第2章　独笑軒塾の開塾とその展開

第1節　独笑軒塾はいつできたか――年代・塾則・場所――

独笑軒塾の開塾年代

緒方郁蔵は独立して開業し、独笑軒塾を開いた。その開塾年代については郁蔵の子孫の緒方四十郎氏が『適塾門下生調査資料』第一集で、

弘化元年（一八四四）頃別に［独笑軒］塾を瓦町二丁目浪花橋筋東入る南側に開く

と明記しているが、この年は適塾入門六年後にあたる。この記載は松本端著「研堂緒方郁蔵先生伝」（「郁蔵略伝」）に依拠している。この略伝は緒方郁蔵の高弟である端が大正三年（一九一四）に執筆したものであり、信頼しうるものであるが、一部に万延元年（一八六〇）説が流布していることから、念のために幾つかの資料をとりあげて弘化元年説を補完しよう。

①独笑軒塾姓名録「門生姓名」に万延元年の入門者が三名見られるが、そのうち井上健次と小川裕蔵はともに再遊とあるから万延元年（一八六〇）より前に開設していたことになろう。

②大阪市立中央図書館所蔵の緒方郁蔵著『散花錦嚢』（三六頁の図4）の裏表紙見返しに、「安政二年冬、浪花独笑軒塾に遊んで先生から贈られた」と記されているので、安政二年（一八五五）にはすでに独笑軒塾が開設さ

れていたことになる。

③幕末の大坂には相撲見立大坂医師番付が四十五枚あり、在坂医師の人気番付表になっているが、嘉永五年（一八五二）から文久三年（一八六三）までの八枚の番付に緒方郁蔵の名が掲載されているから、それ以前に独立していたとみられよう（二一頁の表1）。緒方洪庵は開業二年目に名前が載ったが、郁蔵は弘化元年の開塾から八年目の嘉永五年なので、少し遅いといえるが、部屋住まいの医師名が載ることはない。

④第1章でとりあげた嘉永四年（一八五一）の橋本左内から笠原良策に宛てた手紙に（一一～二頁）、先年郁蔵が独立（適塾を退く）したのは、洪庵夫人八重との確執が原因としているから、嘉永四年以前の開設である。先年とあるので、少なくとも五～六年ほど前の弘化年代のこととなろう。

⑤緒方洪庵らが大坂の除痘館を創設するさいに、緒方郁蔵も社中として参加した。大坂の除痘館に参加した人のなかには、若手が「補助」の肩書きで参加（例：松本俊平・林元恭など）しているが、郁蔵は堂々と社中で参加できていることは嘉永二年（一八四九）以前に独立していたとみられよう。

これらの資料からみても、弘化年代の開設が明らかになった。

こうした資料をもとに、前掲「緒方郁蔵と独笑軒塾」と題して発表した拙稿のなかで弘化元年説を支持したのだが、その後も一部に万延元年説が見られるのは残念なことだ。ただ、もしも本当に郁蔵が万延元年まで適塾に在塾していたとすると、在塾期間が天保九年以来二十三年と、考えられないような長い年月になる。

ちなみに、筆者が調べたところでは、万延元年説を最初にとりあげたのは緒方銈次郎氏で、「独笑軒塾則について」と題して、複数の雑誌にほぼ同じ内容で投稿し、独笑軒塾の開設を万延元年（一八六〇）とした。執筆の動機は緒方郁蔵の三男・四郎氏（大阪在住）より、「独笑軒塾則」や「門生姓名」の閲覧の機会をえたことによる。そのなかに、「此書冊中に見ゆる門下生の数は八十三名を算し万延元年十月入門を筆頭に明治四年二月に終わっている」とある。それ以来、万延元年説が一部に流布することになるが、緒方銈次郎氏がみた姓名録「門生姓名」は戦災などで失なわれた。幸いにも、大正八年（一九一九）、郁蔵没後五十年にさいして申請された位階追贈資料（正七位→従五位）に写された「門生姓名」が大阪府公文書館に残されていて、閲覧することができる。ただし、申請資料を作成するさい、門人の入門年月が明治四年二月まで記載されていたものを、元治元年十月以降は省かれたため、約半数の門人の入門年月がわからなくなった。

独笑軒塾則（図1）　ここで第5章(6)（一二七頁）に収録している塾則についてふれておこう。適塾の塾則については、福沢諭吉著『福翁自伝』や、長与専斎著『松香私志』のなかで断片的に知られていたが、独笑軒塾則はかつて雑誌に紹介された当時、適塾の塾則を明らかにしたものとして注目された。片桐一男氏や長尾政憲氏が『福翁自伝』や『松香私志』から適塾の塾風や塾則を整理されているが、独笑軒塾則は束脩（入塾するさいのお礼の贈り物）や請人（保証人）制度、あるいは「階級課業次第」などについては、ほぼ適塾の塾則にならったものと考えられる。一方、福沢諭吉のいう自由奔放な塾風と、独笑軒塾則第二条にある「禁放歌高話……」は一見相入れないものである。しかし、適塾在塾中「唯書と酒を好んだ」生活であったと思われる郁蔵が、「飲酒ヲ禁スル事」と規定したことは、集団生活の規律を正すための規則をつくれば、こうした文になることを示しているのではなかろうか。自由奔放な塾風といえども、成文・不文律のいずれかは別にして、規律を正すルールはあったに違いない。

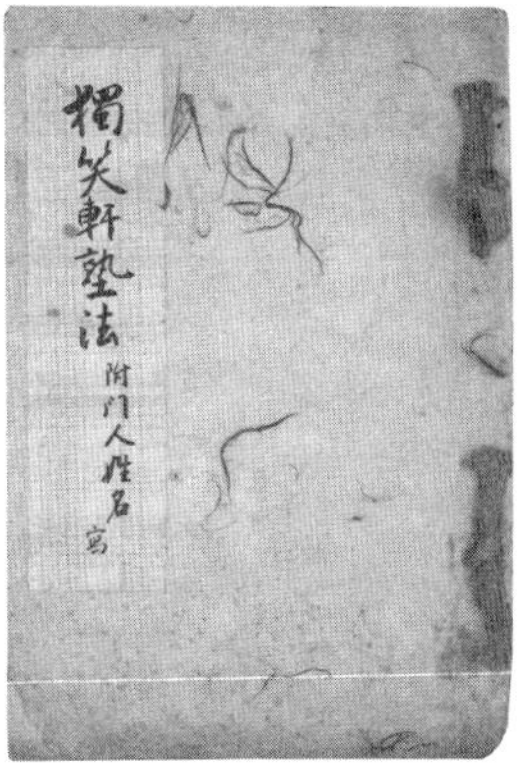

図1
「独笑軒塾法　附門人姓名　写」

塾則中注目されるのは、第一条に掲げられた「蘭書を学ぶと雖も、常にわが朝の道を守り、国体を失するべからず」(古西：読み下し)である。一方、洪庵の思想面については、緒方富雄氏は『緒方洪庵伝』のなかで、「洪庵は、書状のおわりによく『道のため、人のため』と書いている。学者としての洪庵には哲学的な思想は認められないが、この『道のため、人のため』が洪庵の行動のすべてを規定したものと思われ」、さらに、「洪庵は嘉永七年(一八五四)に書いた書状の一つに世情が憂慮にたえず、『当時は病用相省き、専ら書生教導いたし、当今必要の西洋学者を育立候積に覚悟し、先づ是を任といたし居申候』と書いている」と記している。これは安政条約締結前後の世情不安のなかで、医業の手を抜いてまで教育者として「当今必要の西洋学者を育立」しようとしたもので、平素、「道のため、人のため」と述べていることに対する実践であった。

郁蔵は塾則の整備を文久元年(一八六一)に行っており(併せて「門生姓名」も記録するようになった)、塾発足十七年目にして塾経営が安定してきたことをうかがわせる動きであった。洪庵の思想をあらわす一端として右に引用した『緒方洪庵伝』中の書状の嘉永七年(安政元年=一八五四)とは七年の隔たりがある。この間、時代の様相も大きく移り変わっている。蘭学塾は尊皇攘夷思想が高まるなかで、ともすれば攘夷論者から敵対する組織として見られたため、外面上さきのように塾則の第一条を挿入したという見方もできよう。幕末における蘭学塾の多くは洪庵のとなえる「道のため、人のため」に準ずる考え方を持ち、郁蔵が塾則を整えた文久元年(一八六一)という時代においては、塾則第一条はまさに時代の考え方を示したものといえるのではないだろうか。

独笑軒塾の所在地① 瓦町二丁目　緒方郁蔵の曽孫に当たる緒方四十郎氏が前掲『適塾資料』第一集に寄稿した調査票によると、独笑軒塾は弘化元年(一八四四)、瓦町二丁目浪花筋東入南側に開いたとある(図2—③)。実は弘化元年当時、師・緒方洪庵の適塾は同じ瓦町の四丁目(当時の地名では「津村東之町」/図2—①/現：瓦

図２　適塾と独笑軒塾跡所在地図（下図は著者蔵の弘化２年『摂州大阪地図細便覧』）

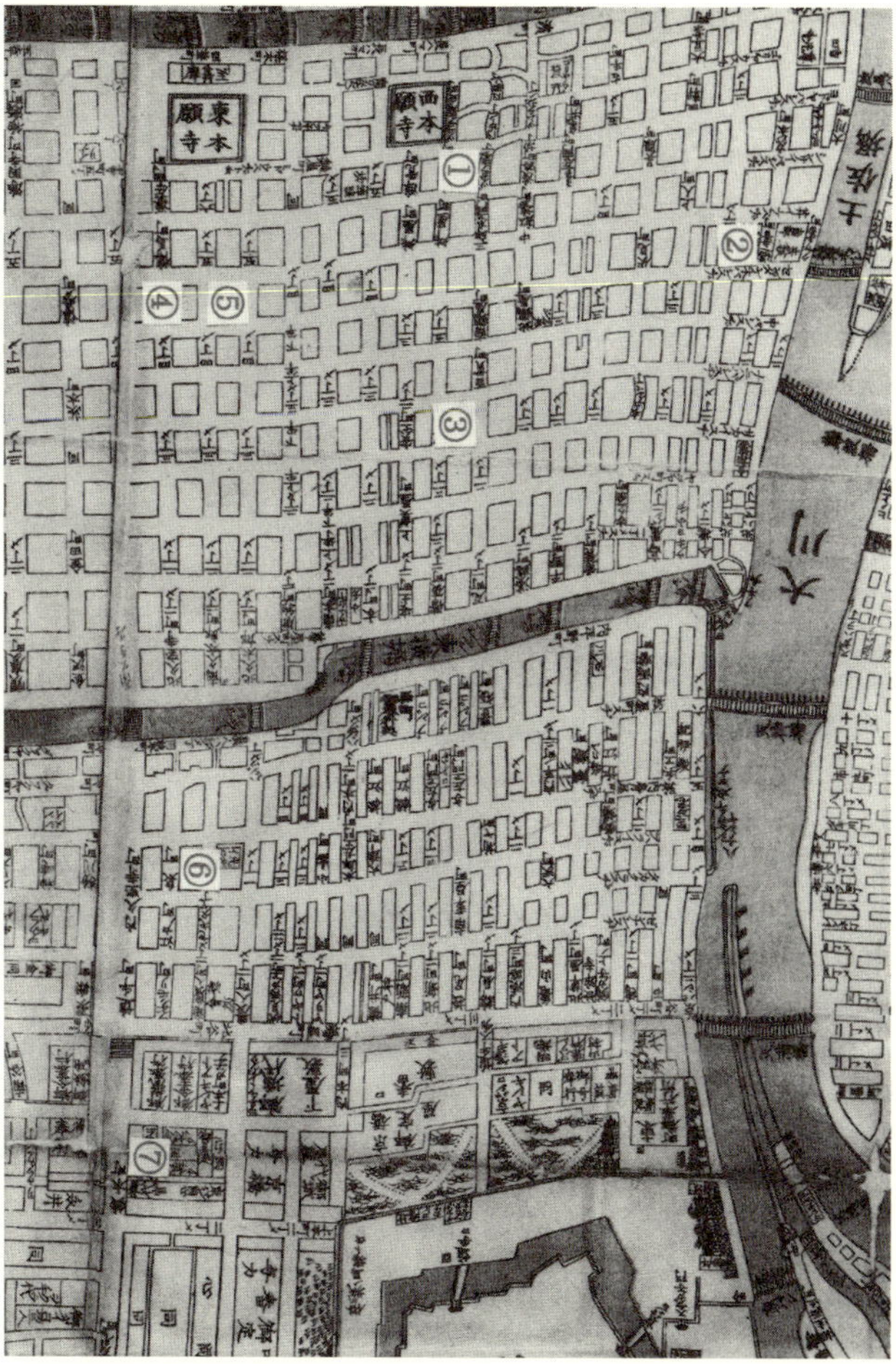

①初代適塾跡（津村東之町／現：大阪市中央区瓦町３丁目）
②二代目適塾跡（過書町／現：大阪市中央区北浜２丁目）
③初代独笑軒塾跡（瓦町２丁目／現：大阪市中央区瓦町３丁目）
④二代目独笑軒塾跡（北久宝寺町４丁目／現：大阪市中央区北久宝寺町３丁目）
⑤三代目独笑軒塾跡（北久太郎町４丁目／現：大阪市中央区北久太郎町３丁目）
⑥四代目独笑軒塾跡（泉町２丁目／現：大阪市中央区和泉２丁目）
⑦大阪医学校跡（鈴木町代官所跡／現：大阪市中央区法円坂２丁目）

町三丁目）にあり、独笑軒塾との距離は数百メートル程度しか離れていなかった。一旦開塾したものの、適塾があまりに近いのをおもんぱかって、早いうちに転居したとされている。地図を眺めていると、そんな配慮も生まれようかと思わず思いたくなるような距離である。結果的には、適塾自身も弘化二年（一八四五）十二月には過書町（図2—②）に引っ越す（北塾）ことになるのだが。

独笑軒塾の所在地②　北久宝寺町四丁目　適塾をおもんぱかって独笑軒塾はどこへ越したのだろうか。それがまずは北久宝寺四丁目（南塾）である（図2—④）。以下この町名について考えるが、この頃から、北の緒方（北塾）、南の緒方（南宿）等と称されるようになったと思われる。

実は幕末大坂において、医師の動向をみるのに便利な資料があった。前述の相撲見立大坂医師番付である。緒方郁蔵について調べると次頁の表1となる。

独笑軒塾は弘化元年に開業・開塾したとされるが、残された医師番付では開塾八年目の嘉永五年に始めて緒方郁蔵の名があらわれる。郁蔵の朴訥な応接が患者をひきつけるには時間がかかったということだろう。ちなみに、緒方洪庵は開業二年目に当たる天保十一年の医師番付にその名がみられた。

大坂三郷の町割りは、ほぼ東西南北にまっすぐ道がつけられ、東西を通、南北を筋と呼んだ。丁名は大坂城側から一丁目・二丁目・三丁目と数えた。表1に記された住所は、「北久宝丼池」が北久宝寺町丼池筋、同「三休」が三休橋筋、同「四」が四丁目で、表現方法は異なるが、いずれも同じ北久宝寺町四丁目で、この住所が適塾をおもんぱかって最初に引っ越したところと考えられる。瓦町通から数えて八つの通りを南に移動したわけである。

独笑軒塾の所在地③　北久太郎町四丁目　この住所は表1の後半にみられるもので、「北久太四」は北久太郎町四丁目のことである。北久宝寺町よりひとつ北の通りである。この住所が掲載されている医師番付は万延元年～文

表１　大坂医師番付中の緒方郁蔵の概要

番付発行年	診療科目	番付位置	住所
嘉永五年（一八五二）十一月	本道・外科	二段目	北久宝井池
安政二年（一八五五）六月	本道・外科	南一段目	北久宝三休
三年（一八五六）九月	本道・外科	南一段目	北久宝三休
四年（一八五七）正月	本道・外科	南一段目	北久宝三休
五年（一八五八）五月	本道	北一段目	北久宝四
万延元年（一八六〇）十月	本道・外科	西一段目	北久太四
文久二年（一八六二）一月	本道・外科	西一段目	北久太四
三年（一八六三）春	本道・外科	西一段目	北久太四

久三年（一八六〇～六三）であるが、前掲の『適塾資料』第一集では、「安政三年北久太郎町三休橋通西入る南側へ移す」とある。この「北久太郎町三休橋通《〔筋〕》西入る南側」という町名は、北久太郎町四丁目である。安政三年（一八五六）という年は郁蔵四十三歳にして、ようやく西宮の辰馬庄三郎の次女エイ子と結婚した年であり、医師番付上の住所は少し遅れて記されているが、例えば、明治元年（一八六八）の辞令「官禄二百石……」にも「大坂北久太郎町井池東へ入」とあり（七〇頁辞令①）、図２―⑤のすぐ左が井池筋であり、それを東へ入ると北久太郎町四丁目となる。

独笑軒塾の所在地④　泉町二丁目

「郁蔵略伝」によると、明治二～三年（一八六九～七〇）頃、郁蔵の勤務先は元鈴木町代官所跡の大阪医学校で、北久太郎町四丁目から東へ二キロ前後の距離にある。大阪医学校は体力が弱っていた郁蔵にはその通勤距離が負担になったので、泉町二丁目御祓《おはらい》筋西南角に新築して移転した（図２―⑥）。ここから大阪医学校（図２―⑦）までは数百メートルで通勤には楽になったが、この地に住んでまもなく、郁蔵は明治四年（一八七一）七月九日に亡くなり、せっかくの新居も一～二年を過ごしたにすぎなかった。ただし、独笑軒塾姓名録「門生姓名」の原本を閲覧した緒方銈次郎氏は入門者の記帳が明治四年二月まで継続されていたことを確認しており、独笑軒塾は泉町まで続けられていたことが明らかとなった。

第2節　どんな人が入門したか――「門生姓名」五十音順検索――

独笑軒塾は先にも述べたように、弘化元年（一八四四）頃に開塾したとみられる。この塾の姓名録「門生姓名」は「文久辛酉七月始記之」、すなわち文久元年（一八六一）に作られた。開塾後十七年目のことである。冒頭に万延元年（一八六〇）「再遊」二人、万延元年の入門者三名が記されているが、「再遊」を見落とし、万延元年だけ確認して、万延元年に開塾したとする記述が今なおみられる。「門生姓名」には八十四名が記帳されているが、六名を番外（「門生姓名」に漏れた人）として後掲の五十音順一覧に追記した。

今日伝わっているこの「門生姓名」は没後五十周年（大正八年）に行われた位階追贈（正七位→従五位）の申請に添付されたもので、もちろん筆写資料で最終記帳年は元治元年（一八六四）十月である。前述の通り（一七頁）、緒方銈次郎氏は郁蔵の三男・緒方四郎氏宅で「門生姓名」の原本をみて、最終記帳者が明治四年（一八七一）二月であることを雑誌に書きとどめている。したがって、郁蔵の位階追贈の添付資料として筆写されたさい、慶応元年~明治四年（一八六五~七一）の七年分がカットされたわけである。第5章(5)にその「門生姓名」を記帳順に収録したが（一二一頁）、本節では五十音順に並べ替え、出身地や入門年月日以外に新しい情報を補足した。

その前に、門人九十名のうち、どこの国の人が多く、どのような階層の人びとなのか、あるいは入門年代としては短期間ながらも、どの時期が多いか、簡単にみておこう。

◎国別出身地

入門者　　出身地(国)

二十八人　土佐
十　伊予
九　備中
八　摂津
五　豊後
各四　播磨・周防・丹後
各二　武蔵・淡路・美作・出雲・備後
各一　紀伊・安芸・山城・美濃・河内・筑後・讃岐・不明
計九十人　二十か国（他不明一）

◎入門者の階層
出身地のみ　五十六人
藩名あり※　二十五（※藩医一人をふくむ）
処士　四
布衣　三
居士　三
計　八十四人

◎年代別入門者数
万延元年　五人

文久元年　十二
　　二年　九
　　三年　九
元治元年　十一
以降※　四十四（※慶応元～明治四年の七年間、不明をふくむ）
計　九十八人

国別の入門者を眺めると、適塾や象先堂などの全国的な分布に対し、独笑軒塾では瀬戸内の中国・四国地方に集中しているところが特徴的である。文久元年に作成された姓名録は郁蔵が土佐藩と関係するようになって以降の門人が多いのも成り行きから当然かもしれない。また郁蔵の出身地である備中や、地元摂津も統計的にはやや多い。蘭学を積極的にとりいれた宇和島藩などのある伊予国は土佐に次いで多いが、その十名のうち七名（宇和島藩五名・松山藩一名・今治藩一名）までが藩名を記している。これに対し、土佐出身者二十八名中二十三名までが国郡村名だけで、隣国ながら対照的な記載を行っている。この二十三名の一部について調査したところ、庄屋や医家の出身の人びとなどもいる。その後のかれらを大別すると、在地の蘭方医として地域活動をした人と、一方では志士として年若くして散った人びととなろうか。この志士たちの行動軌範は時代の流れをあらわすとともに、土佐の、いわゆる南学（朱子学の一派）の影響とみることができようか。

入門年代について適塾などに比して数こそ少ないが、毎年五～十名の入門者があるのは郁蔵が医師番付に掲載されたり、土佐藩との関係などからそれなりの知名度を有していたといえよう。

なお、独笑軒塾の門人は「門生姓名」八十四名と、記載洩れの六名とあわせて九十名の人たちのうち、「門生姓名」記載以外の、新しい情報が入手できた門人は合計十九名であった。

以下に「門生姓名」八十四名と、それから洩れた門人を番外者として六名加えて五十音順に掲げた。なお人名下の番号は第５章(5)（一二一頁）の「門生姓名」に付した通し番号である。「門生姓名」以外の、新しい情報は二行目以下に補記した。

「門生姓名」（五十音順）

秋沢　慶吉㊾　土佐吾川郡西分村
阿部　友貞㊹　豊後杵築藩
安藤　玄達㊲　播州明石太山寺
飯田　碩造㉕　防州下松、文久二壬戌冬十一月入門、翌亥十二月十三日逐塾トナル
磯山　栄順㉞　予州今治藩、文久三亥晩冬入塾
市川　良清㊳　土州須崎浦
井上　謙学㊽　播州加東[郡]古川
井上　健次①　土州高岡東郡佐川、万延元年十月朔日再遊
　独笑軒蔵板の第一冊目『療疫新法』の跋文のあとに「井上健次他校　井上淡蔵書」とあるので、独笑軒塾の高弟であったと思われる。
井上　淡蔵⑮　土州高智本町、文久元年五月廿三日入門
　同右

岩名　有文⑥　東都裏二番町、岩名昌山息、文久元年辛酉正月七日入門

岩名　和足⑦　土州高岡郡津野山郷、又川楊亭息、文久元年辛酉三月廿日入門

上枝　　稠㊱　讃州高松春日村、元治元年晩春入塾

内坂　玄秀㊼　筑後三池藩

海島　柳斎㊶　淡州田中、元治元年甲子春三月入塾

大川　渉吉㊵　土佐長岡郡久礼多村

大和田栄純61　土州長岡郡十市邑

岡原　玄民㊴　予州宇和島御庄、元治元年甲子春三月十六日入塾

小川　裕蔵②　紀州室郡《（牟婁）》田辺、万延元年極月六日再遊

小田　仲甫71　防州山口良城

賀古　順承㉗　予州宇和島藩、文久三癸亥春三月廿五日入塾

柏原《かしはばら》　信郷《のぶさと》　番外②

天保六年（一八三五）～元治元年（一八六四）、三十歳。土佐国安芸郡安田村（現：高知県安芸郡安田町）の郷士の家に生まれる。元碩と称し、省三と改める。安政二年、郁蔵門に入る。郷里で開業後、さらに長崎でボードインらに学んだが、志士として野根山中の岩佐の関（現：安芸郡北川村）に集まり、捕えられて付近を流れる奈半利川の河原で斬首される。

方寄　観海㉓　雲州松江、文久二壬戌秋九月十有五日入門

川井　玄淡73　予陽松山藩

川口　春耕⑳　土州安喜《（芸）》郡安喜浦、文久二壬戌三月四日入門

神沢　民部㉛　播州三木下町

播州美嚢郡三木下町生まれ、生没年不明。明治二年（一八六九）頃、海軍に入り、河内丸に乗り込んだ。のち兵庫県立病院に勤めた。民部は大坂の除痘館からの分苗所でもある。

岸上　成一㊷　摂州三田藩、元治元年首夏入塾

北屋　見輪㉑　雲州松江藩、徳莽嫡男、文久壬戌秋八月入門

楠瀬宇太郎⑫　土州安喜《（芸）》郡佐喜浜、楠瀬春平嫡、文久元年五月朔日入門

楠　正興《まさおき》　番外①

文政十二年（一八二九）〜明治二十年（一八八七）、七十三歳。土佐国長岡郡久礼田村（現：南国市）の医家に生まれた。藩医荒川氏に漢方、郁蔵に蘭方、賀川南竜に洋方産科を学ぶ。土佐容堂の侍医。のち高知で開業。その子正任が高知ではじめての総合病院をつくった。

窪田　次郎　番外⑥

天保六年（一八三五）〜明治三十五年（一九〇二）、六十八歳。備後国安那《やすな》郡粟根《あわね》村（現：広島県福山市加茂町）、蘭方医の家に生まれた。弘化四年（一八四七）十三歳にして阪谷朗廬の桜渓《おうけい》塾で漢学を、山鳴弘斎に医を学び、安政元年（一八五四）二十歳のときに独笑軒塾に入門。さらに、京都の赤沢寛輔や播州木梨村の村上代三郎などに蘭方医学を学んで、文久二年（一八六二）に帰郷して医業を継いだ。医学関係では片山病と呼ばれる風土病や、パセドー氏病患者例を初めて報告するなどの研究やコレラの予防に尽くしたが、自由民権運動家としても名を成した。明治四年（一八七一）深津郡深津村に「深津邑啓蒙所」を開き、全国に先駆けて

民衆教育機関を設立した。明治五年に民撰村議会を構想し、のち民撰議院開設要求などの自由民権運動にも参加した。明治十二年（一八七九）岡山に移転したが、毎月のように定例的に帰郷し、没するまで医会にも出席するなど、医学とその知識を地域の人びとに生涯捧げた。

来島　斎吉㊹　摂州浪華

桑原　道一㊲　防州岩国藩、桑原恬所嫡、元治元年三月十三日入門

肥塚治郎吉㊸　播州網干

小島　清斉㉟　丹州福知山藩、小島長清嫡、元治元年二月十日入塾

小林　謙吉㊸　備中吉井処士、元治元年晩秋入塾

斎藤　雄次㊻　摂刕高槻

酒井　己千㊺　土州宿毛藩

阪田　迂蔵㊷　備中川上郡九名邨処士

阪谷朗廬の兄友次郎の子で、雅夫、また待園《たいえん》とも言い、通称が迂蔵、郷里で医業を開く。寺地強平、エルメレンスにも学んだという。

佐野　雋達《しゆんたつ》㊹　豊後杵築藩、元治元秋九月入塾

杵築藩（現：大分県杵築市）に仕えた佐野家は江戸初期から今に続く医家で、幕末の佐野雋達（天保十二年＝一八四一～大正二年＝一九一三／号は柏州）は元治元年独笑軒塾に入門し、また長崎に赴いてボードインやポンペに学んだ。帰藩後は侍医に任ぜられ、維新の争乱では医官として従軍した。明治十二年（一八七九）大分県立病院兼医学校の創立に副院長として迎えられるなど、大分県医学界の振興に尽力した。

芝　　三也㉘　予州宇和島藩、文久三癸亥春三月廿五日入塾
渋谷　求堂64　土州高岡郡佐川
島村　繁七㊿　土州安喜浦
島村　良次⑧　土州高知潮江村、島郁卯太郎弟、文久元年辛酉三月晦日入門
清水登三郎83　備中浅口郡六条院
新城　諦斎㊵　予州宇和島松丸、元治元年甲子春三月十六日入塾
関根　　昇⑱　浪華天王寺村、関根達三息、壬戌正月廿三日入門
妹尾　道平　　番外④

弘化元年（一八四四）～大正十四年（一九二五）、八十一歳。備中国下道郡箭田《やた》村（現：岡山県倉敷市真備町箭田）に生まれ、摂津国名塩村（現：兵庫県西宮市）の蘭方医・伊藤慎蔵塾や、大坂の独笑軒塾に学ぶ。郁蔵の養嗣子となり、ウィーンの万国博にドイツ語通訳として行き、二年間留学して林政学を学ぶ。帰国後は山林行政に就き、山形・福岡両県の書記官などを経て福岡県農工銀行頭取などを勤めた。

竹井　恒三80　備中三嶺之布衣
田中　順立⑪　土州高知廿代町、田中宗和息、文久元年四月九日入門
谷　　哲斎㉜　予州宇和島藩、文久三癸亥仲冬廿八日入塾
田能村玄乗77　豊州中川藩
田原龍之祐㉛　南豊居士、文久三癸亥晩秋入塾
千頭　順信⑲　土州高岡東郡佐川、文久二壬戌三月四日入門

千原卓三郎(79)　備中井［原］村之処士
弘化元年（一八四四）〜明治十年（一八七七）、三十四歳。大阪医学校にも学び、堺医学校教諭となるが、病いのため三十四歳で没。
千屋《ちや》　金作［策］④　土州高岡郡半山郷、千屋半平末男、万延元年庚申四月朔日入門
天保十四年（一八四三）〜慶応元年（一八六五）、二十三歳。名は孝成《たかしげ》、土佐勤王党の志士、美作国で自刃。
千屋熊太郎⑯　土州安喜郡和食村、千屋清助嫡、文久元年五月廿五日入門
弘化元年（一八四四）〜元治元年（一八六四）、二十一歳。庄屋の生まれで、孝樹《たかき》とも言い、金策の従弟。一たん医業を開いて流行りながら、志士の道を歩む。尊王攘夷の貫徹を期した同志が野根山中の岩佐の関（現：安芸郡北川村）に集まり、藩吏に捕えられ付近を流れる奈半利川の河原で斬首された。
土倉　擴斎㉖　予州宇和島藩、文久三癸亥春三月廿五日入塾
堤　　毅㉙　城州京都処士、文久三癸亥八月十一日入塾
手嶋　立紀(82)　豊後杵築弁分（別府）之布衣
利岡《としおか》猪三郎(60)　土州長岡郡十市村
戸塚　文海　　番外③
天保六年（一八三五）〜明治三十四年（一九〇一）、六十七歳。備中浅口郡玉島村（現：倉敷市玉島）生まれ、本姓桐山氏。碑文に「縦遊緒方洪庵及郁蔵」とある。幕府侍医の戸塚静海の養嗣子となり、長崎の医学伝習所頭取、幕府の侍医も勤める。のち海軍省に出仕して軍医総監となり、また有志共立東京病院長となった。
長野　穆斎⑭　土佐高岡郡佐川、長野左造息、文久元年五月廿三日入門

土佐の医師永野左造の子
中村　清純(63)　丹後宮津藩
西川　文信(52)　土州長岡郡
西野　偸司㊼　武州東都産
能島　一斎㉝　予州宇和島藩、文久三癸亥仲冬廿八日入塾
土生寛之助⑰　土州高智浦戸町、理平息、文久元年七月朔日入門
林　良莽(65)　丹後宮津
原田　主馬㊳　国嶋村、文久二年戊五月中旬入門
深尾　玄隆(67)　土州藩医
別府　精研(55)　備中窪屋郡
細川　春斉⑨　土州高智種崎町、細川潤徳息、文久元年三月晦日入門

図３　松本端夫妻
（端61歳・雪枝54歳／明治24年1月撮影）

細川　良益㊽　河内寺川村
松島　俊三㉔　淡州（洲）須本、了雄息、文久二年壬戌十月入門
松田　三益(56)　予州松山三津街
松本　端　番外⑤（図３）
嘉永二年（一八四九）～大正七年（一九一八）、七十歳。父松本俊平は大坂の除痘館社中。端の墓碑銘に「既長従緒方郁蔵氏」とある。大阪市の校医第一号、種痘の普及

にも努める。「研堂緒方郁蔵先生伝」「大阪市種痘歴史」などを著わす。

松山　熊蔵③　土州高岡郡能津村、松山柿右衛門弟、万延元年庚申四月朔日入門

天保八年（一八三七）～元治元年（一八六四）、二十八歳。独笑軒塾蔵板の第一冊目である『療疫新法』の跋文のあとに「松山熊蔵校」とあるので、独笑軒塾の高弟であったと思われる。庄屋の生まれで、深蔵あるいは正夫ともいう。土佐勤王党の志士、禁門の変に敗れて、天王山で自刃した。

的場　全柳⑬　丹後加佐郡内宮邨、文久元年五月十二日入門

円山　呈策(66)　作州粂南条郡弓削

水野　秀哲㉒　防州小郡、文久壬戌秋九月入門

箕浦　龍蔵㊻　土州江ノ口居士、元治元年霜月入門

郁田　文機⑤　芸州広島研屋町、万延元庚申十二月十八日入門

盛［森］鼻縫之助(59)　摂州三田

嘉永元年（一八四八）～大正七年（一九一八）。宗次とも言い、明治初期に多数の洋書を翻訳出版し、『皮下注射要略』（明治六年刊）は皮下注射に関する日本最初の専門書である。明治七年、堺医学校の校長となる。

矢守　貫一(78)　備後福山藩

山田　俊郷(54)　豊後佐伯藩

山鳴誠三郎(81)　備中簗［瀬］村布衣

郁蔵の師山鳴大年の孫で郁蔵の学友剛三の子、郷里で医業を開く。

和田　敬吉⑩　土州高智紺屋町、和田広潤弟、文久元年四月九日入門

和田　圭甫㊺　濃州恵那郡岩村藩、元治元十月入門
和田　文郁㊾　摂州三田藩
　弘化元年（一八四四）〜大正十二年（一九二三）、八十歳。祖父は三田藩典医。三田で医業を開く。
渡辺　首㉚　作州勝山藩、文久三癸亥八月十三日入塾

第3節　除痘館事業に加わる

大坂の除痘館《じょとうかん》とは緒方洪庵らが設立した民間の天然痘予防施設である。天然痘《てんねんとう》（疱瘡《ほうそう》・痘瘡《とうそう》）は古代から流行していたが、当時は三十年に一回程度であったらしい。ところが、時代が下るにつれてその間隔が短くなり、幕末にいたっては毎年のように流行していた。一七九六年（寛政八）、イギリスのエドワード・ジェンナーは牛痘種痘法を発明した。天然痘が世界の各地で流行を繰り返していた最中のことである。洪庵や郁蔵らが活躍を始める天保・弘化年代は牛痘法発見から四十〜五十年後である。ジェンナーの牛痘苗《ぎゅうとうびょう》（ワクチン）をヨーロッパから輸入しようとすると赤道を通るため、生ワクチンの冷凍施設がない当時は不可能であった。しかし、その牛痘種痘法の存在は輸入された蘭書を通じて知られていたのである。

ヨーロッパからの輸入を断念して、バタビア（現：インドネシア）からの取り寄せが試みられた。嘉永二年（一八四九）、バタビアから長崎の和蘭商館医モーニケにもたらされた牛痘苗の接種が成功し、長崎や佐賀でも種痘が行われた。その牛痘苗がさらに福井藩に届けられる途中、京都に着いた。大坂の蘭方医・日野葛民《かつみん》は京都の兄・日野鼎哉《ていさい》のもとへ福井藩御用の牛痘苗が届けられたことを知った。葛民からその話を聞いた緒方洪庵は大坂の除痘館の開設に向けて、薬種商大和屋喜兵衛に種痘所の確保を依頼するとともに、種痘業務に参加してくれる

人を募った。一方、福井藩御用ワクチンの分与も笠原良策から無理をお願いしてなんとか受けることができた。

嘉永二年十一月七日、緒方洪庵らを中心として大坂の除痘館が開設された。天然痘予防施設である。集まった同志は今風にいえばボランティア、当時の名称を使えば除痘館社中で、「除痘館記録」によれば、日野葛民・緒方洪庵・大和屋喜兵衛・中環・山田金江・原左一郎（老柳）・村井俊蔵・内藤数馬・山本河内・各務相二・佐々木文中そして緒方郁蔵の十二名に、荻野七左衛門父子、平瀬市郎兵衛の母、有賀長隣が協力者として加わった。さらに松本端の「大阪市種痘歴史」によれば、補助として松本俊平・林元恭が即戦力で活躍し、さらに社中として山本徳民・春日寛平・伊藤玄英の名をあげている。

補助もふくめて社中は除痘館に来館する人たちへ牛痘種痘を施行するとともに、役割を分担して周辺から全国に広げようとした。大坂の除痘館では地元大坂で種痘を行いながら、友人・知人・門人を通じて近畿を中心に全国の医師に広く分苗《ぶんびょう》（ワクチンの分与）を実施した。さらに、村井俊蔵が伊勢に（三七頁）、山田金江は山陰へ出張種痘に出かけたこともあった。そのため、大坂の除痘館では種痘医の養成にもとりくみ、医師たちに種痘技術を教え、免状を発行した。

種痘を行う医師には牛痘種痘のことを深く理解してもらい、一般の関心の薄い人には牛痘種痘の知識をも伝授しなければならず、牛痘種痘書の刊行は不可欠であり、牛痘書の翻訳は実務が始まるとさらに重要さを増した。そうした文献翻訳は緒方郁蔵が担当した。嘉永三年（一八五〇）、郁蔵は牛痘種痘書『散花錦囊《さんかきんのう》』乾・坤二冊を適適斎蔵板として出版した。最初の研究書である。詳細については次の第4節で述べる（三六頁）。

ここで牛痘苗（ワクチン）分与の具体例を河田雄禎にそって述べる。大坂の除痘館では幕末までの二十年間に一八七か所にワクチンの分与（分苗）を行った記録がある。そのさい、除痘館は次の手順で行う。

(1)種痘技術を教えて（原則二週間）、免状を発行する
(2)ワクチンの分与
(3)参考文献として緒方郁蔵著『散花錦嚢』を添える

この免状には事実上除痘館代表である日野葛民と緒方洪庵が署名し、その次に実務を担当した種痘医の名前が記されている。緒方郁蔵が担当した讃岐国丸亀の河田雄禎の免状は次のとおり。

此度牛痘種法於讃州丸亀被相弘度旨被申立令分苗候、真仮鑑定之口訣等被得其意、仁術之本意を守り、疎漏無之様可被心得候、以上

嘉永三年庚戌二月

大坂　除　痘　館(印)
日野葛民(花押)
緒方洪庵(花押)
緒方郁蔵

河田雄禎殿

この免状の趣意は「讃州丸亀で牛痘種痘を広めたいとのことなので、分苗いたします。接種が成功したか否かの鑑定を口訣《くけつ》、すなわち口伝えでお話ししたことを十分理解した上で判定し、仁術の本意を守って（例えば金儲けに走ることなどないようにして）広めてください」というものである。除痘館は緒方洪庵を代表者に選んだ形跡はないが事実上の責任者であり、日野葛民は除痘館の功労者としていつも冒頭にその名を掲げている。そして三人目が実務担当者、ここでは緒方郁蔵が河田雄禎に分苗するさいの責任者ということになる。

河田雄禎は讃岐国丸亀の蘭方医で、天保十三年（一八四二）から三年余り、適塾で学んだ初期の適塾生で、その後、江戸の戸塚静海などに師事したのち丸亀藩の藩医となった。嘉永三年二月、改めて来坂して種痘術を学び、分苗を受けて帰国した。河田雄禎の優れたところは、まず丸亀除痘館を開いて最初の種痘を行い、その後、藩内七か所に種痘所を設けたことである。なお嘉永三年二月現在、『散花錦嚢』はいまだ出版されていないので河田雄禎の場合、少し遅れて送り届けられたものと思われる。

郁蔵は嘉永三年の春から夏にかけて牛痘種痘書『散花錦嚢』全二冊の出版に尽力したが、その後、一時期体調不良のため、本章第6節（五二頁）でとりあげているように、除痘館事業から事実上退いたとみられる。

第4節　緒方郁蔵の医学研究——著書や写本からみて——

緒方郁蔵の著訳書は、阪谷朗廬の碑文等によれば「散花錦嚢、扶氏経験遺訓、日新医事鈔第一帙（療疫新法）、内外新法、開校説（以上刊行ずみ五点）」があげられているが、『官版日講記聞』が抜けている。未刊本では難病全書労瘵篇、脈候秘訣、薬性新論、格列刺説、西説銀海精微、牛痘種法の写本（一部稿本）を閲覧することができた。他に外科手術全書、外科必読、生殖機能編、要薬配合則、医俗須知、設劉斯外科書、公刺実治療書がみられる。まずは刊行されたものから順を追ってとりあげる。

図4　『散花錦嚢』

散《さん》花《か》錦嚢《きんのう》　乾・坤二冊、嘉永三年（一八五〇）刊、適適斎蔵板（図4）。緒方郁蔵最初の著書で、その内容は牛痘種痘書である。

『散花錦嚢』の出版には適塾に所蔵されている医学関係蘭書が使用

され、とくに新着書籍が活用されたとみられる。目次の最後には引用書が収められていて、「最近は西洋の治療書に牛痘説を載せていない本はないので、数少ない家蔵本から作成した」と記している。この家蔵は郁蔵の独笑軒塾ではなく、適塾のことである。念のために、引用書八冊をあげておく。

公刺直《コンラヂ》　治療書　模斯萵《モスト》　医家万用字典
蒲列私列多《ブレスレル》　小児全書　我尓独私密多《ゴルドスミツト》　牛痘全書
設利烏斯《セリウス》　外科全書　昆私彪爾夫《コンスビュルフ》　治療書
葛刺満《カラマン》　皮膚病書　扶歇蘭土《フユヘランド》　治療書

この『散花錦嚢』には左の異版があって、内容は適適斎蔵板と同じであるが、表紙裏の標題紙（見返し）は別の書体で書かれ、適適斎蔵板の代わりに「浪華　除痘館秘蔵」とある。

『散花錦嚢』乾・坤二冊　緒方郁蔵訳本　嘉永三年春刊　浪華　除痘館秘蔵

除痘館秘蔵分がどのような使われ方をしたかの詳細は不明であるが、前述のように、分苗時に種痘技術の伝授も必要であるから、多くの場合、分苗にさいして渡されたのではないか。次の事例はそれを裏づけよう。

当時発行された除痘館の引き札（チラシ）をみると、除痘館社中一覧の上に出張医師と書かれている。除痘館社中には基本的に出張して種痘を広めるという方針があり、その第一弾として社中・村井俊蔵が伊勢国へ出張種痘に出かけた。嘉永三年（一八五〇）三月のことである。伊勢での分苗記録は、野呂元丈ゆかりの野呂文吾への分苗免状が残されているが、その野呂家にはあわせて除痘館秘蔵本の『散花錦嚢』が所蔵されていた。この本が野呂家に所蔵された経緯は村井俊蔵の五月十二日付書状「茅原田村《ちはらだむら》　野呂文吾様　村井俊蔵　散花錦嚢　壱冊相添」のなかに、「大坂表除痘館ニ而新著翻訳書壱部去冬来取かゝり居候処、漸上巻一冊丈出来候付送来候間不取敢差上候、御落手被下候」とあるように、乾・坤二冊のうちの一冊が嘉永三年五月に完成したことを示している。こうして、野呂家に除痘館秘蔵板の『散花錦嚢』が今に残ることとなった。

引用書をわざわざ先きに掲げたのは、緒方洪庵が塾生に牛痘種痘法を指導するとき、これらの書を活用したからである。浅井允晶氏によれば、適塾門人・武谷祐之《たけやひろゆき》が弘化三年に著わした種痘書『接痘瑣言《せっとうさげん》』の題言で、緒方洪庵に「牛痘ノ事」について指導を受け、先掲引用書にも一部あげられている「セリウス、スフンケル、コンス、ヒウヘランド、コルドスミット諸賢ノ書ニ就テ、其ノ要領ヲ採リ、訳述シテ、以テ一小冊ヲ成ス」と記している、という。これらの蘭書は祐之だけにとどまらず、洪庵および適塾関係の人びとに利用されてきた。『散花錦嚢』もまさにそのひとつであった。

『散花錦嚢』の巻頭には、幕末大坂の代表的な漢学者で洪庵五十歳の画像に賛をした後藤松陰の序文がある。当時、たとえば漢学塾「泊園書院《はくえん》」と、蘭学塾「適塾」の両姓名録にともに記名している人がいて、一見相反する両学にも共通する志向があったことは留意すべきであろう。

『散花錦嚢』を紐解《ひもと》いて驚いたのは、目次にも掲載されていない附録［牛痘種法］があり「此篇専ら亡友有馬摂蔵所訳に係る」として五丁にわたって収められていることである。有馬摂蔵は郁蔵と同じく、洪庵と義兄弟をむすんだ仲であるが早世した。適塾門人で、適塾姓名録の第一番（天保十五年一月か）に署名している。東讃州寒河郡富田中村（現：香川県さぬき市大川町富田中）の出身で洪庵夫人八重の生家・摂州名塩の億川家の養子となったが、一度も名塩を訪れることのないままに、嘉永四年（一八五一）頃、京都に遊び急死した。二十七〜八歳とみられる。億川家には、有馬摂蔵が長崎留学から帰るさいに上野常足（俊之丞、日本写真術の鼻祖上野彦馬の父）から餞別にもらった種痘書が残されていた。ドイツのゴールドシュミットの本を蘭訳したもので、摂蔵は当初これを借り受けて「牛痘新書」（約五十丁）として翻訳した（京都大学附属図書館富士川文庫に写本が所蔵されている）。『散花錦嚢』に引用されたものはその抄訳かも知れない。本書はよく利用されたためか、未刊ながら京大のほかいくつかの公共機関にも所蔵されている。

扶氏経験遺訓《ふしけいけんいくん》　三十巻（本編二十五巻、薬方編二巻、附録三巻）、足守　緒方章公裁（洪庵）、義弟郁子文（郁蔵）同訳、西肥　大庭悳景徳（大庭雪斎）参校、安政四年～文久元年（一八五七～六一）刊。一八三六年（天保七）刊行のドイツの医学者フーヘランドの著書を、ハーヘマンが一八三八年（天保九）に蘭訳したものの翻訳である。訳稿は天保十三年（一八四二）にはほぼ完成していて、同年五月付で序文を書いているが、出版が容易に進まなかった。内容は著者五十年の経験をもとに書かれたもので、いわば医学全書的な、あるいは医学必携というべきもので人気があり、刊行が遅れた分、写本で広く読まれた。なお、本書の出版は江戸にいた門人・箕作秋坪《みつくりしゅうへい》の助力で成就したもので、膨大な関係書状が残されている。

本書は「義弟郁子文」、すなわち緒方郁蔵との同訳になっている。洪庵の曾孫に当たる緒方富雄氏は『緒方洪庵伝』のなかで、「緒方洪庵が最初に天保十三年（一八四二）に一応まとめてから、郁蔵がその完成に協力したものと思われる。なぜなら、天保十三年ごろのものは、洪庵だけの名になっているからである」と指摘している。しかしその後、中村昭氏の研究によれば、「初訳本は洪庵の門人であり義弟の緒方郁蔵が中心となって作ったもので、その後それに洪庵が手を加えて刊本の訳稿を完成したものと思う」としている。初訳本は草稿本であり、未定稿であったが、多くの人に筆写されて利用された。さらに完成途中の再稿本もまた、人から人へと写されて流布した。逆にそれらの写本を検討することにより、『扶氏経験遺訓』の成立過程をたどることができるわけで、この初訳本は門人緒方郁蔵が中心になって作ったとされる。それを洪庵が嘉永初年にかけて主要訳稿を完成させたという。

洪庵は文章を推敲するさいに師匠の坪井信道や門人・大庭雪斎（雪斎は『扶氏経験遺訓』に前掲の通り「参校」としてその名が刻されている。また郁蔵も同訳として洪庵と並んでその名を刻している）などに相談している。洪庵は信道の医学上の指摘には素直に答えているが、漢語的に文章を修飾するような指示には否定的な行動をとっているという。洪庵にとって文章はわかりやすくするのが大前提であった。また郁蔵の読解力は洪庵を上回るものがあったが、読者が理解しやすい文章の作成は洪庵に一日の長があった。福沢諭吉によると、原書をみずして翻訳書に筆を下ろすのは洪庵だけと記しているのは洪庵の特徴をよくあらわしている。

『日本洋学編年史』によると、洪庵のいまひとつの代表作『病学通論』でも、郁蔵の役割は『扶氏経験遺訓』と同様、郁蔵が最初に翻訳して洪庵が推敲するという役割を果たしていたことを認めている。ただし、『病学通論』には郁蔵の名はない。

『扶氏経験遺訓』の特徴や郁蔵の翻訳力について、宇野重介「岡鹿門と洋癖」によれば、宇野氏は岡鹿門《おかろくもん》著『在臆話記』を読み、原文を読み下しながら一部引用して、以下のように紹介している（要述）。

万延元年、遊学のために仙台を発した漢学者・岡鹿門は伊豆韮山で医師の肥田東達に診察を受けたさい、肥田から新刊の『扶氏経験遺訓』は大冊で携帯に不便なので、縮約本を作って欲しいと頼まれた。それを受けて、岡鹿門は数か月で作りあげたという。岡は、この『扶氏経験遺訓』は病症用剤を詳細に記載しており、蘭医が実地に施治するに適切なること、この書が第一であると感じ入り、さらに訳文について次のように感嘆する。

医学はわれもとより門外人、ただわれ推服する所は、訳字を下し、病理を論ずる。適切簡明。漢土の医書に博渉する者ならねば、為す能はざる所、文章雅馴、字句の精錬なる、蘭書一方にのみ渉りたる者の訳し得る

所に非ず

続けて名訳者の緒方郁蔵に言及する。

聞く。緒方郁蔵は洪庵門下中の俊才、学問あり、翻訳を能くし、洪庵推服、緒方姓を称せしめ、別に一戸を立て、専ら翻訳に従事せしむ。洪庵の著書は、専ら郁蔵の手に成る。

触発されたのか、岡鹿門は万延二年（文久元＝一八六一年）一月、韮山を発ち、四月に適塾を見学したようであるが、洪庵や郁蔵と会った形跡はないという。刊行間もない『扶氏経験遺訓』の縮約版を作成した漢学者の意見として、郁蔵らの翻訳力にふれているのは興味あるところである。

なお、『扶氏経験遺訓』の原著には付録が二編（『扶氏経験遺訓』の付録ではない）あり、杉田成卿が『済生三方』『医戒』と題してそれぞれ嘉永三年（一八五〇）に出版した。緒方洪庵はこの『医戒』などを参考にしながら、安政三年（一八五六）正月に十二項目にまとめて「扶氏医戒之略」を作成した。公にする意図はなかったようで、訂正原稿もいろいろ残されている。この翻訳には緒方郁蔵はかかわっていなかったと思われるが、その精神を十分に踏まえて、郁蔵は医は仁術の考え方を継承している。具体的には後述の『内外新法』（次頁）や本章第5節（四七頁）でとりあげる。

図５　『日新医事鈔　第一帙　療疫新法』

日新医事鈔（療疫新法）　上・下二冊、緒方郁蔵重訳、文久二壬戌（一八六二）秋刊、独笑軒蔵板（図５）。原著者はドイツ人ストロメイエルで、上巻には一八五六年（安政三）に書かれた蘭訳者イウスクハエルトの序文があるから、郁蔵は蘭訳出版の六年後に重訳出版したことになる。下巻の跋文は文久元年夏、緒方郁蔵撰。

本書は「松山熊蔵・井上健次の校、井上淡蔵の書」となっているが、松山らは独笑軒塾姓名録「門生姓名」に記載されており高弟と思われる。内容はチフスの診断と治療法を述べている。本書によれば「従来腐敗熱、神経熱と名付けられたものに窒扶斯《チフス》なる呼称を初めてもちいた」ところに、その歴史的な意義を持つ。

チフス菌の発見は明治十三年（一八八〇）のことであるが、チフスに似た症状は近世に入ると折々に流行し、幕末では文久元年の記録が残されている。コレラやペストなども幕末から明治にかけて流行している折柄、緒方郁蔵のこうした分野の出版はとくに医師の間で評価されたのではないかと思われる。現代において各種感染症が多発しているとき、郁蔵がみずからの医学研究シリーズ第一巻に感染症対策の『療疫新法』をとりあげた意義は大きいものがある。緒方郁蔵みずからも本書の出版について、『内外新法』の序文で、世の中が変わると病いもますます多くなるので、それに対応して私も日々新たなことに挑戦し、すでに『日新医事鈔』シリーズで『療疫新法』を第一冊目、続いて『内外新法』を第二冊目として出版したとしている。時代の要請に応えた本書は当然ながらよく利用され、各地の公共機関にも所蔵され、写本もまたみかけることができる。

内外新法　三巻三冊、緒方郁蔵重訳、慶応二年（一八六六）刊、独笑軒蔵板。原著者はドイツ人カラーウスで、一八六二年（文久二）に刊行されたものをイルケンが蘭訳した。蘭訳の刊年は不明であるが、郁蔵の序文は慶応元年（一八六五）初夏とあるから、原著の発行から蘭訳を経て重訳までわずか三年である。その序文に『療疫新法』で引用した「世の中が変わると、病いもますます多くなる」の記事があり、彼の医学研究にとりくむ姿が浮き彫りにされている。第一～三巻各巻末に「梅谷濟世美校」とあるが、独笑軒塾姓名録「門生姓名」にはその名がみられず、どのような人であろうか。本書は『内外新法』とあるが、その内容は胃腸から初まる内科学の本である。各地の公共機関に所蔵され、三巻三冊と丁数が多いにもかかわらず文庫本の大きさの写本（一冊）で利用した人もいる。その人は紀州名草郡野崎村（現：和歌山市）の旧家で医師の嶋園恒斎である。幕末～明治期の人で、その養嗣子・順次郎（一八七六～一九三七）も医学の道に進み、東京大学医学部教授になった。

官版日講記聞　全十一冊、ボードイン口授、緒方少博士（郁蔵）訳、大坂医学校刊、明治二年（一八六九）～。ボードインの講義を毎月記録したもので、全十一冊刊行された。相川忠臣氏の研究によれば、ボードインの講義は臓器別（器官系統型）の内科学講義で全十一冊の内容は陰具編七冊と梅瘡編四冊で構成されている。

開校説　全一冊、和蘭医官エルメレンス撰、緒方郁蔵訳、大坂医学校刊、明治四年（一八七一）跋（図６）。大阪府医学校病院は明治三年（一八七〇）二月、大学の管轄となった。学校建設は新講堂の竣工でほぼ完成し、明治三年十二月五日、新任教師エルメレンスにより挨拶と記念講演が行われ、学校・官界などの来賓と、教職員ならびに生徒が集まった。講演内容は、郁蔵の翻訳により明治四年正月十二日付の跋をそえて『開校説』と題して刊行された（第５章(9)／一三七頁）。本文はわずか七丁であるが、新進気鋭の青年医師が新天地に臨んで心の高ぶりとヨーロッパ諸科学の精髄を如何にして伝えるかの想いが感じられる。これまであまり紹介されていないのが不思議なぐらいで、ハラタマの『舎密局開講之説』（明治二＝一八六九年）に匹敵する記念碑的講演であるといえよう。緒方郁蔵は当時大坂医学校で翻訳に当たっていたので、郁蔵の訳書に相違ないであろう。そして、この翻訳を終えた正月十二日からわずか半年後の七月九日、咽頭悪性腫瘍で五十八歳の生涯を終えた。

図６　『開校説』

以下の著書は写本（稿本）で閲覧できたものである。このなかには独笑軒塾で写したと記されているものもあり、刊行にいたらなかった稿本もいろいろとあったに違いない。

薬性新論　十五巻八冊、蘭国：括林著、緒方郁蔵訳、写本（稿本）。武田科学振興財団杏雨書屋に所蔵されていて、別に未定稿十五巻三冊本も架蔵されている。『内外新法』（慶応二年春刊）の序文に「編中ノ新薬ハ大抵皆予カ著ス所ノ薬性新論ニ出ツ、就テ見ルヘシ」とあるので、「薬性新論」はすでに訳稿が完成し、『日新医事鈔』第三冊目として、刊行が予定されていたのではないかと思われる。ただ、慶応二年九月には土佐に赴任したので、事実上出版は不可能になったとみられる。

脈候秘訣　一冊、緒方郁蔵訳、写本（大阪府立中之島図書館蔵）。B５判二十七丁の本で、その内容は総論・診断術・各脈・頻脈などの項目に分かれているが、「緒方郁蔵訳述」とあるのみで、原著者名・刊年・序・跋などもみられない。いわゆる診断学の一冊といえよう。

格列刺説《コレラ》　一冊、研堂緒方先生訳述、慶応元年（一八六五）写本（個人蔵）。表紙とも十丁の本で、独笑軒塾で筆写。内容はコレラに関するものである。

難病全書　労瘵篇《ろうさいへん》　一冊、緒方郁蔵訳稿、写本（個人蔵）。労瘵とは、肺病・結核の病気をさす。十七世紀の『日葡辞書』にも収録されている用語である。この写本はB５判八十六丁あり、内容は次の通りである。

(1)弁肺病肺労之別・純肺病・純労瘵他　緒方郁蔵訳草　四十三丁
(2)難病全書　労瘵篇　巻一　肺労　上　緒方郁蔵訳草　二十二丁
(3)難病全書　労瘵篇　巻二　肺労　中　緒方郁蔵訳草　二十一丁

『国書総目録』によれば、慶応義塾大学医学情報センター富士川文庫に労瘵篇（稿本）が所蔵されていることになっているが、昭和四十八年（一九七三）発行の同センター『古医書目録』には見当たらない。

なお中村昭氏の調査によれば、「労療」という言葉は『扶氏経験遺訓』の初稿本には使用されており、同稿本は緒方郁蔵が主に翻訳したのではないかと推測している。そして刊本では労療が消削病に変わっているので、この「難病全書　労療篇」はやや古い翻訳文であろう。

牛痘種法　緒方郁蔵訳、全四丁。杏雨書屋所蔵の「晩成堂主人郁写　西洋諸家牛痘説」（嘉永六癸丑写／全訳五十丁）という資料のなかに日野鼎哉・織田貫斉・早川郁子文・江馬榴園・中島均らの牛痘関係翻訳文とともに、この「牛痘種法」が収められている。『散花錦嚢』出版の副産物かも知れない。

西説銀海精微《せいせつぎんかいせいび》　一冊（墨付十二丁）、緒方郁蔵（研堂）等撰、写本（静嘉堂文庫蔵／大槻如電文庫旧蔵）。『国書総目録』にのみ収録され、「正説銀海精微　付・駆豎斎膏剤　緒方郁蔵(研堂)等撰　写　一冊　医学　静嘉堂文庫蔵」となっている。本書は眼科医書で巻頭に次のような記事がある。

西説銀海精微　相州⿰金余陵藩　医家子　川曄日華氏
長州玳瑝懸　医家子　嶌郁子文氏　撰述

⿰金余という字は漢字にない。これは餘でなければならない。陵はあて字か、おそらく誤りであろう。餘綾《よろぎ》（のち淘綾《ゆるぎ》）、相模国の旧郡名で、ほぼ現在の神奈川県中郡の大磯町付近。平安中期に国府があったので、その郡名を雅名として採用したのであろう。要するに小田原藩のことであろう。二人目の、玳はもともとたいまい（鼈甲《べっこう》）、瑝の漢字はないと思われ、読み誤りか、あるいは雅称であろうか。とにかくこの表記では嶌というのもわからず、どうも緒方郁蔵の著書とは思われない。

また「西説銀海精微」の名前は唐の孫思邈《そんしばく》撰という中国の眼科専門書『銀海精微』からとったものであろう。附録の駆豎斎《くじゅさい》とは幕末の蘭方医新宮涼庭の号で、この膏剤は涼庭の製剤の一つであり、それを附録とした。

以下、未刊本で書名のみ判明しているものを記しておく。

外科手術全書　墓碑銘に記載あり。

外科必読　天保四年（一八三三）、箕作阮甫《げんぽ》がオランダの外科書を翻訳して『外科必読』十三巻六冊を刊行しているが、郁蔵もこうした本を訳していたと思われる。

設劉斯外科書　『散花錦嚢』の引用書のなかに「設利烏斯《セリウス》外科全書」とあるが、それを指すのかもしれない。

公剌直治療書　『散花錦嚢』の引用書のなかに「公剌直《コンラヂ》治療書」とあるが、まさにそれを指すか。

生殖機能編　生理学。ボードインの未刊分の講義録か、墓碑銘に記載あり。

要薬配合則　薬物学。墓碑銘に記載あり。

医俗須知　衛生学事典か、墓碑銘に記載あり。

三兵答古知幾《サンペイタクチク》　プロシアのブラントの戦術書（一八三三年＝天保四年刊）で、オランダ人のミュルケンが一八三七年（天保八）に蘭訳した。高野長英は薩摩藩主の依頼で嘉永三年（一八五〇）に訳し、安政三年（一八五六）に二十七巻十五冊本として刊行した。タクチクは正しくはタクティックで、戦術・戦法を意味する。当時のヨーロッパにおける最も斬新で優れた三兵戦術書といわれ、郁蔵も土佐で訳したに違いない。「郁蔵略伝」には「医学の他に兵書の如き翻訳書多しと聞く」とあり、また、阪谷朗廬編「研堂緒方郁蔵先生碑」文では具体的に「訳三兵答古知幾」と明記されている。この本は戦術理論の概念を持たなかった当時の識者に大きな影響を与えた。ちなみに、三兵とは古くは弓・剣・槍、もしくはそれを手にする兵士の総称であるが、近代においては歩兵・砲兵・騎兵の総称とされている。

第5節　医は仁術――緒方郁蔵の書軸などからみた医学思想――

緒方郁蔵の書軸はほとんどみかけないが、ここに紹介する二本は緒方家に保存され、昭和十年代に図版付きで医学雑誌に紹介された。ただし、内容にはふれていない。

書①は翻訳出版を始めた文久年代から慶応二年頃のものか。書②は大阪医学校時代の明治二～三年であろう。著書『内外新法』の序文は慶応二年である。少しでも読みやすいように読み下し文を添えた。多少とも郁蔵の考え方を読みとっていただければ幸いである。

（1）緒方郁蔵の書①（図7）

世治疾者欲弄巧而屢診察以増薬剤甚則至一日十顧変其方而殊不知治出于自然良能之力非単診薬之功也是以欲弄巧反成機矣遊余門者審此理而不諂［諂］富貴憫貧賤精思明察以臨疾則庶幾俯仰無恥以仁術之意

研堂郁誌（研堂之印）

世ニ疾ヲ治《ち》スル者巧ヲ弄《ろう》シテ屢《しばしば》診察セントス、薬剤ヲ増スヲ以テ、甚ダシキハ則チ一日十顧《こ》ヲ至シ、其方ヲ変ヘテ殊ニ治《ち》ノ自然ニ出ルヲ知ラズ、良能ノ力ハ単ニ診察ノ巧《たくみ》ニ非《あら》ザル也、是ヲ以テ巧ヲ弄セント欲シテ機ヲ成スニ反ス、余ノ門ニ遊ブ者此理《ことわり》ヲ審《つまびら》カニシテ富貴ニ諂《へつ》ラハズ、貧賤ヲ憫《あわれ》ミ、精思《せいし》明察以テ疾ニ臨《のぞ》メバ則チ俯《ふ》仰《ぎょう》シテ耻《はじ》無ク、以テ仁術ノ意ニ庶幾《ちか》カラン

研堂緒方郁蔵誌す

<訳>

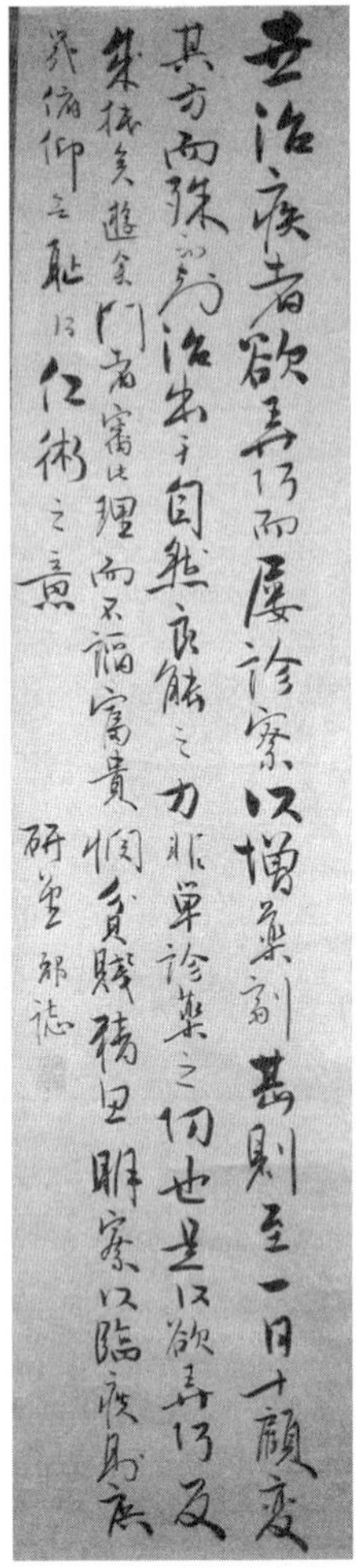

図7　緒方郁蔵書①

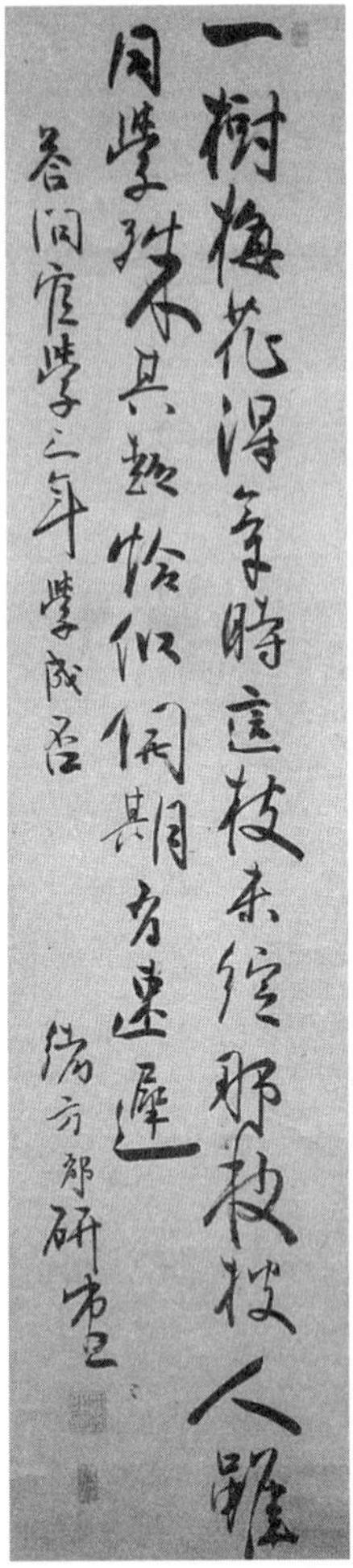

図8　緒方郁蔵書②

世間で疾病を治す者は技巧をもてあそんで屢々診察をしようとする。そして薬を増やして甚だしい時は一日何度でも診察し、薬の処方も変える。病いは自然に治癒する力を持っていることを知らない人が多い。人間が生まれつき持っている力は診察を巧みに行うこととは異なる。だから技巧をもてあそぶと反《かえ》って治療は進まない。郁蔵の門に学ぶ人たちはこの自然の摂理を理解し、金持ちにおもねることなく、貧しい人をあわれみ、よく考えてはっきり見抜こうと病いに臨めば、天地に対して少しも恥じることなく、ほぼ医術の本義である仁術に叶うといえよう。

研堂緒方郁蔵誌す

当時の医師は往診を基本にしていたから、何かと口実を設けてしばしば診察に訪れた。あわせて薬も処方を変えながらいろいろと与える。しかし、病いは自然の治癒力をもっているのだ。この自然の治癒力については、すでに貝原益軒（一六三〇～一七一四）の著わした『養生訓』用薬編のなかにも出てくる。「病気のときはへんな医者にかかるよりもよく保養に努め、薬を用いないで、病気が自然に治るのを待った方がいい」といった記述が見られる。郁蔵門に学ぶ学生はこの自然の摂理を理解し、金持ちにおもねることなく、貧しい人をあわれみを持ちながら病いに臨むことこそ、仁術の本義にかなうことである。これは現代人の見失なっている言葉でもある。

（2）緒方郁蔵の書②（七言絶句／図8）

聊娯

一樹梅花得気時　　一樹ノ梅花気ヲ得ルノ時
這枝未綻那枝披　　這《こ》ノ枝未ダ綻《ほころ》バズ、那《か》ノ枝披《ひら》ク
人雖同学殊其趣　　人ハ同学ト雖モ其趣キヲ殊ニス
恰似開期有速遅　　恰カモ開期ニ速遅アルニ似タリ
答問官学三年学成否　　官学三年ニシテ学成ルヤ否ヤヲ問フニ答フ
緒方郁研堂　　緒方郁研堂　研堂之印　閑人不是等閑人

〈訳〉
一本の梅花が気を得るとき、
この枝は未だ綻《ほころ》ばず（花咲かず）、かの枝は開く
人は同期といえどもその志すところは異なる

あたかも花の開く時期に遅速があるのに似ている

官学に三年学んで学が成るかどうかの問に答える　緒方郁研堂書す

おそらく大坂医学校時代に、学生から尋ねられたのであろう。すべてが流動的な明治初年の時代に、学ぶ者の揺れ動く心をあらわした問に、冷静に答えている。なお、「聊娯」には「いささかたのしむ」の意がある。

（3）緒方郁蔵著『内外新法』（慶応二年刊）の序文

我諾而孿《コノルラ》（古書名）云。野鶏滞食。咀二藜葉一以吐二汚物一。野猪逆上。磨二頸樹木一。傷レ脈以洩二鬱血一。白鷺便秘。以二其嘴一灌二水肛内一。以取二快利一。小禽向レ寒。頻浴二潴水一。以固二肌膚一。是医家。吐剤。刺絡。灌腸。灌水。諸方。所二由源一也。夫禽獣猶可レ資二治方一。況人而資レ人。豈可レ分二東西彼此一乎。西洋上古必弗《ヒッポ》氏諸名宿。其事尚矣。中古応涅児《イエン子ル》氏。発二明牛痘種法一。世永受二其沢一。爾来俊傑並起。洞二開幽賾一。闡二発精微一。前代未レ有之奇病。千古難レ治之痼疾。皆深窮二其理一。而講二其術一。於レ是乎。不レ問二科之内外一。新奇百出。医法益明。所レ謂肉二其骨一而起二其死一者。不二一而足一矣。蓋世益降。病益多。病益多。則療法薬製。亦随而益変。我之所二以資レ彼者。亦何得レ不二日新一哉。是余所三以有二日新医事鈔之著一也。往者。已抜二鈔中療疫新法一。以付二梨棗一。今又抜二内外新法一。頒二諸同志一。世或以レ余為二遺レ故好レ新則誤矣。稽レ古而察レ今。推レ細而知レ大。蓋学問之道也、語曰。温レ故知レ新。余有レ取焉。慶応紀元乙丑初夏。緒方郁子文謹識。

〈訳〉

我諾而孿《コールラ》（古書名）によれば、野鶏は食を胃にもたれさせた時はあかぎの葉を味わい、汚物を吐く。野猪は逆上した時は樹木で頸《くび》を磨く。脈を傷つけ、鬱血《うっけつ》を漏らす。白鷺は便秘すれば嘴《くちばし》で肛門に水を入れて、便通を取り戻す。小さい鳥は冬が近付くと頻《しき》りに水たまりの水を浴びて肌を強くする。是は医家においては、吐剤《とざい》、刺絡《しらく》、灌腸《かんちょう》などに相当するか。種々な処方にはその起源が有る。とりやけものにさえなお治し方の参考にすべき点がある。況《いわん》や人は人から問いただすべきである。ところでどうして東西において区別があろうか。西洋の上古必弗《ヒッポ》氏（ヒポクラテスのことか）や多くの名医たちは、そのことを長らく継続実行してきた。中古応涅児《イエンネル》氏（ジェンナーのこと）牛痘種法を発明し、人類は末永くうるおいを受けた。以来、優れた人が続出し、いろんな方面にわたって、不明な点が究明され、研究が進められた。これまでになかった奇病も、昔から難治とされていた疾病も、皆その病根をきわめ、その治療法を講じた。是において、内外科を問わず、新たな珍しい治療法が続出し、病気を治す方法は解明された。いわゆる、骨に肉づけして死者を起《た》たせるという喩《たと》えだけでは足りない。思うに、世は益々降りて、病い益々多く、病い益々多くして、すなわち療法や薬剤製造もまた随って益々変わる。私が何かをもたらそうとする所以《ゆえん》は、こうした時に日々新しいことをなさずしてどうするのだという想いである。是こそが私が日新医事鈔を著わす所以である。すでに日新医事鈔のなかから療疫新法を抜粋して版木に付し（出版し）、今また内外新法を抜き出して諸同志に分けている。世は私を指して古いことを忘れ新しいことを好んで行うと決めつけるかもしれないが、それは誤りである。古を考えて今を知る。細かいことから類推して大を知る。思うに、これが学問の道であろう。論語にも見えるように、温故知新《おんこちしん》。ここにこそ不変の真理がある。

慶応元年初夏(四月)　　緒方郁蔵謹んで識るす

歴史のとらえかたの可否は別にして、西洋の歴史を引用し、とくに応涅児氏（ジェンナー）による牛痘種痘法の発見以来いろいろな人が研究を進めて、奇病や難病も治療できるようになった。しかし一方で、世のなかが変わると病いもますます多くなるので、それに対応して私は日々新たなことに挑戦し、すでに『日新医事鈔』シリーズで『療疫新法』を著わし、今また、『内外新法』を出版すると、その目的を明記している。

第6節　独笑軒塾時代の出来事からみた緒方郁蔵の人となり

緒方郁蔵の人物像については、これまでも折々に語ってきたが、本節では輿《こし》、ロシア軍艦、病気、結婚、同郷人教育などの出来事からその人となりを考えてみよう。

往診に使用する輿について

緒方郁蔵が最初に独笑軒塾を開いたところはすでに述べたように、大坂瓦町二丁目で、あまりにも適塾に近くて畏れ多いということで、北久宝寺町に引っ越した。ことほどさように、緒方洪庵に対しては控えめであった。その一例として、次のようなことが、「郁蔵略伝」に記されてある。

先生平生勤倹力行を主とし絢服《けんぷく》華飾を須《もち》ひず。其の輿《こし》は坂俗垂輿《はんぞくすいよ》と称する小輿にして輿丁《よちょう》唯二人のみ、坂俗之をサシッポと称して卑《いや》しむの風あり、輿丁其の患家の多数にして其の担に堪へざるを訴へ、二人を増加して坂俗四枚肩と称するものとせんと請ふ、先生独笑して許さず。毎朝早起し講義を生徒に授くるの後、外来患者を診療し直に出て往診に就き、午後二時或は三四時に至つて帰る、輿丁餓《うえ》に堪へず必す行厨《こうちゅう》を携帯す、先生帰来喫飯後案《つくえ》に対し、晩酌一酔復《ま》た案に対し、深更《しんこう》に至れりといふ。

文久二年義兄洪菴徳川将軍に徴されて東行するに及び、先生の態度稍々前日に異り、始めて坂俗長棒と称する大輿に乗り、所謂四枚肩となれり、是に於て前日卑屈の態度は義兄に対し敬意を表されたるを知るべきなり。

大坂湾にロシア軍艦出現とその応対

近世における江戸幕府はいわゆる鎖国政策を行った。しかし、世界的には十七~十八世紀に大航海時代となり、とくに十九世紀を迎えて日本近海には水や食料を求めて外国船が来航し、やがては開国へ向かうこととなる。大坂湾にもロシアの軍艦がやってきた。安政元年（一八五四）九月十七日のことである。『日本洋学編年史』に次のように書かれている。

安政元年八月卅日、魯《ろ》国使節海軍大将プーチャチンは魯船ヂヤナ号に乗りて、又、箱館に来り、書を老中に寄せ、次いで九月十七日、突如大坂湾に入りて京畿《けいき》の人々を驚かす。幕府、命じて是れを伊豆の下田に廻航せしむ。十月十五日、魯船、下田に入港す。然して條約談判継続中、十一月四日の大地震・海嘯《かいしょう》の為め、魯船ヂヤナ号は下田に於て船底を破損し、修理のため出帆して戸田《ヘタ》に来りたるが、途中、戸田沖にて沈没す。船員五百余名は命を完《まつと》うして上陸す。因つて幕府は魯使の為めに、新たに一船を戸田村に於て造らしめ、帰国の用となす。

さらに、次のような付属資料を掲載している。京都在住で、事件を聞いて飛んできた浮田可薫が、当時の様子を江戸の劇作家・四方梅彦宛に知らせた書状に、「九月十八日、天保山沖におろしや国船碇泊云々。京中にはゴロゴロ大筒車引き回し、陣立のさま、白股引に紅梅染の陣羽織、槍鉄砲もたせ、朝鮮征伐出陣のさま也」と街の様子を紹介し、続けて「戸田村で新造した船は魯国造船法で行われたため、その製法を習ってその後十艘《そう》を建造し、わが国の造船術が一大進歩を遂げた」と記している。また「郁蔵略伝」では、このロシア軍艦来訪を次のように書き留めている。

是れより先き安政元年露艦始めて天保山に来泊せしとき、先生は突然大坂町奉行の命を受けて義兄緒方洪菴と共に通訳の任に当り、天保山に出張す。其時露艦より呈出したる文書を読みて先生は義兄より勝《まさ》り居たりと、是れ大坂大年寄役安井久兵衛の談なりといふ。該《この》文書は恐くは蘭語を以て書したるものならん、露語なれば対訳辞書を用ひられたるか、未だ其 詳《つまびらか》を得ず、記し以て他日の参照となす。

少しわかりにくいが、当時の大坂大年寄の安井久兵衛が外交文書の翻訳をみて、緒方郁蔵の翻訳力に感心した様子の断片が記されている。

ロシア軍艦の来訪について、適塾などの動向を別の資料からみてみよう。安政元年閏七月四日に適塾へ入門した二宮逸二《いつじ》が父二宮敬作宛の書状（九月二十二日付書状）に次のように記している。

当《（九月）》十八日魯斎西船入港、私ナド朝メースヲ内ニ通詞ヲ傭《やとい》ニ参リ候故、内々塾中二三人談合早速天保山ニ見物候（中略）ソノ内伊藤慎蔵、栗原唯一メースノ代ニ通詞ニ至リ、又布野雲平、私同伴ニテ見物仕候処、是亦通詞ニ化ケ早速亦元船へ帰リ申候、ソレカラ与力ヤ留守位《（ママ）》ナド天保山へ陣取リ仕リ（中略）夫ヨリ伊藤・布野両人ハ天保山へ相ツメ通詞仕リ、今ニ帰リ不申候

この書状をみて、緒方銈次郎氏は先に引用した「郁蔵略伝」記事とあわせて、昭和十五年の『日本医事新報』で次のように疑問を呈している。

緒方郁蔵氏の招かれて露艦に赴きしは、十八日の夕か又は翌十九日の朝なりしならんと察せらる。洪庵と同道せりとあるは、松本氏の誤聞に非ずや。余は其の真実性を疑ふ者である。彼は絶えず自分の消息を親戚知己に通知するを怠らぬのであったが、通詞代理として自から露艦に出張するが如き文言を認めたる手簡を今日まで見聞したることがない。兎に角も、緒方塾の塾頭其他が通訳の先鋒を承り、準備工作に取かゝり、次いで首脳部が繰込みたるものと推知せられ、露使の要求する條行を文書に依りて提出せしめ、此等文書に就きて直ちに翻訳を初めたものである。文書は、先きに長崎及び函館に於て提出したると同じく、蘭文を以て

綴られてあつたに違いない。蘭語にかけては堂に入つたる郁蔵氏が、容易にこれを解読し得たるは論を俟《ま》たぬ所である。従つて松本氏の所説たる、辞書を使用したるが如き疑は断然起こり得ぬ訳である。列席の役人衆を驚嘆せしめたといふはもとより当然のこと、云はねばならぬ。

緒方洪庵が直接通詞として出かけたとは考えられず、大坂町奉行の要請で、適塾の代理として郁蔵らが出かけたとみられる。なお、阪谷朗廬は郁蔵の碑文のなかでこの件をとりあげていない。

大坂の除痘館社中の退社と病気の見舞状　嘉永二年（一八四九）十一月、緒方洪庵らが大坂の除痘館を開設するにさいして、緒方郁蔵はその社中の一人として参加した。翌三年には、適塾所蔵の和蘭関連文献八点を参照しながら、種痘書『散花錦嚢』全二巻を適適斎蔵板として出版した。著作第一冊目である。大坂の除痘館には発足当初、種痘医として十数名の医師が参加したが、安政元年（一八五四）頃種痘がなかなか受け入れられなくて途中で退社する医師がみられた。緒方洪庵筆「除痘館記録」（万延元＝一八六〇年）では、

其煩労に堪へさるを厭ひ或ハ自家の本業に妨ケあるを患《わずら》ひて退社せるものハ内藤数馬已下五人

として、そのなかに緒方郁蔵もふくまれていた。内藤数馬は嘉永四年（一八五一）に退社し、郁蔵らも同六年（一八五三）以降はその名をみることができない。郁蔵の場合、退社の理由があるいは病気などではないかと考え、当時の関係資料から気になる記事を年代順に拾ってみた。

①緒方洪庵の日記「癸丑年中日次之記」は嘉永六年（一八五三）二月二十八日条の「太田へ見舞として小倉野一箱遣わし、郁蔵之事頼遣す」から始まる。

②六年後の安政六年（一八五九）九月二十日付の箕作秋平宛洪庵書状では「郁蔵事、毎々御尋被下奉謝候、是も近頃大に快方に相成り、此頃再勤病用始メ申候」と回復ぶりを認めている。

③安政六年十二月十四日付の藤野昇八郎宛伊藤慎蔵書状では、「郁蔵君発狂ハ此節余程快方ニて亦々久宝寺町へ開業仕居申候」としている。

④翌安政七年二月二十六日付の箕作秋坪宛洪庵書状には、「郁蔵事、毎々御尋に被下奉謝候、是も近来は余程快方、可也《かなり》病用も勤居申候」と普段の生活にほぼ戻った様子が書かれている。

退社推定年代の嘉永五年（一八五二）は開業九年目にあたる。嘉永三年に『散花錦嚢』を出版するなどして、九年目はそろそろ市井の人びとに知られるようになった頃であろう。ここで『大坂医師番付集成』から緒方郁蔵の人気度をもう一度参照してみよう。番付一覧には嘉永六年・安政元年と文久元年分が欠けているが、これは収集ができなかった年度（未発行もふくめて）である。

なお、大坂医師番付は嘉永元年版までは相撲番付のように東西に分かれて書かれていたが、番付の人気が上がったためか収録人数が増えて、嘉永二年版から東西南北の四区分とされた。それまで、相撲番付に準じて東西（東西南北）それぞれに大関・関脇・小結各一人に続いて前頭が記されていたが、この頃からは東西南北に分かれてそれぞれ単に名前が羅列されている。収録人数は最初が百数十人、郁蔵の頃は二百人ほど、のちには数百人まで膨れあがった。そのため、番付中の位置も何枚目でなく、何段目という表記を行った。

緒方郁蔵の番付上の位置は、嘉永五年版が四段組の二段目中央であるが、安政二年版以降はいずれも東西南北に区分されて四〜六段組の一段目に位置している（表2参照）。まさにトップクラスの位置である。郁蔵が番付に掲載されている時期は洪庵の書状などで郁蔵の体調が気遣われる時期とも重なっているが、ほとんど影響はみられない。むしろその間の安政元年（一八五四）九月には、前述のロシア軍艦ディアナ号が大坂に来航し、その応接に当たったといわれる。

表2　大坂医師番付中の緒方郁蔵の位置

発行年（西暦）	相撲見立医師番付名	番付中の郁蔵の位置
嘉永五年（一八五二）	浪花当時発行町請名医集	番付でなく名前列記、四段組二段目
安政二年（一八五五）	当時町請発行名医大輯並ニ合印入	東西南北に分かれて、南一段目
三年（一八五六）	当時町請発行名医大輯	東西南北に分かれて、南一段目
四年（一八五七）	当時町請発行名医大輯	東西南北に分かれて、南一段目
五年（一八五八）	当時町請発行名医大輯	東西南北に分かれて、北一段目
万延元年（一八六〇）	当時町請発行名医大輯	東西南北に分かれて、西一段目
文久二年（一八六二）	当時町請発行名医大輯	東西南北に分かれて、西一段目
三年（一八六三）	当時発行名医輯	東西南北に分かれて、西一段目

したがって、体調不良による休業・休塾の時期を正確には確定できないが、安政六〜七年（万延元年）にはほぼ回復していた。ただ、先の書状などからいくばくかのブランクがあったのではないかと推定しておく。

その後、郁蔵は独笑軒塾生を教導しながらオランダ文献を翻訳・出版し、慶応二年（一八六六）には土佐藩御用として本国に赴任し、明治元年（一八六八）以降は大阪医学校の設立と発展に尽くし、独笑軒塾は明治四年まで続けられた。

緒方郁蔵の結婚とその家族　独笑軒塾を開いて十三年目の安政三年（一八五六）、大坂の医師原老柳（左一郎）の姪で、摂州西宮の辰馬庄三郎の次女エイ子を迎えて妻とした。辰馬家は代々摂州住吉郡依羅《よさみ》村（現：大阪市住吉区）の依羅《よさみ》神社の神官で、のち酒造家となった家である。ただ、当時の辰馬家は経済的に苦しく、エイ子とともにその母も緒方家に入ったという。郁蔵はすでに四十三歳という晩婚であった。独笑軒塾の住所は何箇所かに変わっているが、本章第1節（二〇頁）で述べたように、結婚を機に第三番目の住所である北久太郎町四丁目（あるいは北久太郎町三休橋筋西入南側とも表記されている）に引っ越したのではないかと思われる。ここで三男一女に恵まれた。大阪医学校の勤務時代に咽頭悪性腫瘍を患ったが、なにぶん結婚したのが四十三歳なので、子どもたちも幼なく、明治四年（一八七一）二月、伊藤慎蔵や郁蔵の門人でもあった備中国下道郡箭田《やた》村（現：岡山県倉敷市）の妹尾《せのお》道平を養子とした。その後わずか半年足らずの明治四年（一八七一）七月九日、五十八歳の生涯を終えた。当時、長男太郎が十五歳、長女久重《ひさえ》十二歳、次男三郎十歳、三男四郎は六歳にすぎなかった。久重はのちに妹尾道平と結婚した。郁蔵なき後の緒方家については第4章第5節でとりあげる（八二頁）。

同郷門人の父への書状をめぐって　大戸家（緒方郁蔵の生家）に所蔵されている書状のひとつに、郁蔵の養嗣子・緒方道平から清水久三造《くみぞう》宛のものがある（第5章(7)―④／一三四頁）。久三造は、備中国浅口郡六条院出身で、独笑軒塾「門生姓名」の最後から二番目に記載されている（明治四年入門か）清水登三郎の父である。簗瀬村と六条院とは十数キロ（四里前後）の距離ではなかろうか。地縁血縁のあってしかるべきところである。都会の成功者をたよって田舎から出かける構図は近現代においてもみられたが、昌谷精渓や緒方洪庵を頼って上府・上坂した郁蔵も年を経て郷里から入塾生を受け入れたわけである。詳細は第5章(7)―④を参照していただき、ここでは書状内容を簡単に紹介しておこう。

この書状は六条院出身の清水登三郎が郁蔵の監督下で勉強していたが、郁蔵も亡くなり、勉強に身が入らない様子なので、緒方道平が心配して国元の父・清水久三造に出した書状である。書状の年月日は、緒方郁蔵が亡くなった直後の様子が記されているので、［明治四年（一八七一）］八月九日である。ちなみに、郁蔵の没年月日は明治四年七月九日である。

文面によれば、清水久三造の子・登三郎は明治二〜三年に郁蔵を頼って大阪に出てきて、同三年に設けられた開成所に入学した。しかし、もうひとつ勉学に身が入らないので、明治四年一〜二月頃に独笑軒塾に入塾させたのではないか。しかし、郁蔵の体調悪化にともない、その指導もままならず、登三郎の勉学への熱意が低下し、没後はついに遊びほうけてあちこちに借金を重ねることとなった。郁蔵没後を預かる養嗣子・緒方道平はまだまだ若く、その指導は難しいので、親御さんから注意して欲しいという内容であった。ちなみに、著者所蔵の壬申（明治五＝一八七二年）二月の「大阪開成所生徒等級姓名一覧」には清水登三郎の名はもちろんみられないし、独笑軒塾そのものも郁蔵が亡くなったことにより閉鎖されたとみるべきで、清水登三郎はそのまま退学して帰郷したのではなかろうか。

第3章　土佐藩の医学・洋学研究と緒方郁蔵

緒方郁蔵が独立後に対外的に行ったこととして、嘉永二年（一八四九）、天然痘予防施設・大坂の除痘館の設立にさいして社中として参加したことや、あるいは安政元年（一八五四）のロシア軍艦大坂湾来訪へ対応したこととともに、十八年間にわたり土佐藩に仕えたことが知られている。『日本教育史資料』によれば、幕末における土佐藩の医学・洋学関係の教育については、医学教育が天保三年（一八三二）から開始されたが、本格的に西洋医学をとりいれたのは慶応二年（一八六六）、開成館の設立以後であるとされている。しかし大坂には土佐藩大坂藩邸があり、本章では最初にそこでの動向をさぐり、次に土佐藩本藩における医学・洋学研究について考えたいと思う。

第1節　大坂における土佐藩の仕事——安政の辞令——

『日本教育史資料』によると、「京都大坂藩邸内には共に学校は設けられていませんでした」（読み下し）と記されているが、現実には次のような郁蔵宛の辞令がみられる。大正八年（一九一九）、位階追贈（正七位→従五位）を受けたさいの関係資料のなかに土佐藩関係の辞令がふくまれていた。

覚　　　　　　　　緒方郁蔵

御手前儀、西洋学術ニ上長候趣ニ付、以来当家江館入可在之、往々諸生導方を始、土佐家用向厚精勤可被致様、依右弐拾人扶持宛相贈之、

（安政元年）寅閏七月廿六日　土州家

この緒方郁蔵宛辞令の趣旨は「あなたは西洋学術に精通しておられるそうなので、これから当家に出入りされ、折々に生徒を教え、あるいは土佐藩御用を御願いします。よって、弐拾人扶持を贈ります」というものである。土佐容堂が嘉永元年（一八四八）土佐藩主になって以来ようやく藩政改革に着手できる環境が生まれ、安政元年（一八五四）には、藩邸において教育的組織が設けられたとみられる。そして緒方郁蔵は藩士の指導や、藩が必要とする蘭書の翻訳などに従事した。「郁蔵略伝」にも「爾後《じご》声価大に揚り土藩俸禄二十口を給し以て翻訳を嘱託するに至る、素寒貧《すかんぴん》の一書生忽然《こつぜん》大藩の俸禄を食し重大の嘱托を受く、人皆之を喧伝《けんでん》して異数《いすう》と称」したと記している。「異数」とは「めったにない」の意味か。こうしたご縁によるものであろうか、文久三年（一八六三）、容堂から招待を受けて、土佐藩邸にうかがったときのことが、同じく「郁蔵略伝」に記されている。

文久三年正月二十三日午後土佐容堂老公[侯]、大坂西長堀藩邸に於て池田[内]陶所・呉北渚《ごほくしょ》（篠崎小竹四天王の一人、名は策、字元駁、通称肥後[前]屋又兵衛）を召して宴を賜ふ、先生之に陪《ばい》し席上揮毫あり、清興《せいこう》尽きず、漸く翌暁鶏鳴《けいめい》に至て相共に拝辞し帰れり。

郁蔵一人ではないとはいえ、午後から始まり、明け方まで会合が続いたとは驚きである。こうした宴は単なる宴席にとどまらず、各界の人びとからの意見をうかがおうとするものであろう。儒者池内陶所《とうしょ》がその帰り道に暗殺されたことはその宴の性格を物語り、時代の風潮を示す一コマでもあった。ちなみに、池内陶所は名を大学と言い、京都の人で、医師であったが、勤王の志士を支援したため、幕府からにらまれ、刺客からも目をつけられ、

命を落とした。

第2節　土佐本藩勤務時代――慶応二～四年（明治元年）――

『日本教育史資料』よると、土佐藩医学校について次のように述べている。少し読みにくいが、そのまま引用する。

医学校　初医学館ト称シ、尋《つい》デ沢流館ト改メ中コロ開成館中ニ於テ医学司或ハ医局ヲ置キ、終ニ吸江病院ト称ス。

沿革要略　天保三年七月教授館ニテ医道ヲ学ハシメ、同十二年該館ニテ定日ヲ立テ愈之ヲ研究セシメ、同十四年秋帯屋町ニ別設シ、弘化二年十月十二日沢流館ト改称ス、此ハ是旧藩主山内豊熈《とよてる》安養撫育《ぶいく》ノ道ニ厚キニ根基セリ、当時蓋シ荒川侗敬・山田隆芸等多少尽力セシナルヘシ、其後慶応二年十二月十一日以来開成館中ニ於テ洋式医学ヲ修行セシメ、明治三年四月吸江病院ヲ建設シ洋医ヲ雇入レ、業ヲ授ケシム、其間後藤象二郎・村田仁右衛門・森権次・真辺《まなべ》栄三郎等関リテ力アリ、而シテ其学派ニ至リテハ当初ハ漢方ニシテ関係ノ学士ハ田中寿・巻野文錦等有リ、中コロ漢蘭折中ヲ用ヒ、緒方郁蔵・若藤瑞玄等其司教タリ、後純《もっぱ》ラ洋方ニ従ヒ、山本信卿及ヒ英人ウリエム　ヘンレー、ホジヤー等ヲ聘シテ教師ト為セリ、ホジヤー初メテ来著セシハ明治三年正月ナリ

土佐藩の学校としては、宝暦十年（一七六〇）に教授館が設けられ、医学教育は天保三年（一八三二）、同館のなかにとりこんだのを初めとする。慶応二年（一八六六）新設の開成館において本格的に洋式医学が始められた。緒方郁蔵の名は右の引用文の後半に出てくるが、ここではその位置づけは不明である。その補遺として『郁

蔵略伝』から引用して補おう。少し長いが次に掲げる。

同年（慶応二年）土藩開成館を建て医学・洋学・砲術・通商・算数・捕鯨等の各局を設け、大に諸科学術を藩士に教授するに当て、先生を召して医局の教頭と為す。九月頃先生は長男太郎（十歳）・書生安藤達平・別府謙太郎・僕弥助を拉《らつ》して職に高知に就く。慶応三年八月、別府生・弥助故ありて帰る。九月七日、端往て之に代る。当時先生毎日登校し、生理学・病理学等を講じ、退公《たいこう》の余暇翻訳に従事し、毎夜深更に及ぶ、又日々診治《しんち》を請ふ者あるが故に一六の休暇日午前を以て診察日と定む、其患者は二十名内外なれども大抵内科の痼疾《こしつ》のみなり。就中《なかんずく》四十歳前後の男子胸痛を患ひ、諸医の診察を受くるも久く治せず、先生之を気胸と診定し、採膿針を以て試みに之を穿刺《せんし》せしに患者暫時にして欣喜《きんき》雀躍《じゃくやく》快を叫び、帰りたるを記憶す。手術は甚だ稀にして廿二三歳の婦人の上唇《うわくちびる》脂肪瘤の切除成型術のみを見たり、此患者は離れ座敷を病室として十日間許り静養後全癒して去れるの他、別に記すへきものなかりき。

右の引用資料を中心に、郁蔵が土佐で何を行ったかについてまとめておこう。慶応二年（一八六六）、土佐藩に新設された開成館において、郁蔵は医局の教頭に任命された。この開成館は土佐藩の富国強兵策の一環として後藤象二郎が中心となって設立され、民利を奪うものだなどの非難があるなかで動き出した。同二年九月、郁蔵は長男・太郎などを召し連れ土佐に赴任した。翌三年（一八六七）、都合で一部の人が帰坂し、端（松本端）が代わりに赴任し、翌四年（明治元年＝一八六八）閏四月まで滞在した。この松本端は「郁蔵略伝」の著者であり、緒方郁蔵について多くの情報を提供してくれる。

さて、医局の教頭の仕事というだけでは何のことかわからないが、現実には毎日開成館に登校し、生理学・病理学などを講義し、「退公」、すなわち公務を退いた（下校）後の余暇に翻訳を行うが、そのときはいつも深夜におよぶことが多い。

休みの日には診察を請う者が多いので、一・六の休暇日の午前に限って受けつけた。ほとんどの患者は内科で、痼疾《こしつ》すなわち持病持ちの人である。記憶に残るのは、「気胸」を治したことと、女性の「上唇脂肪瘤」の切除成型術を行い、十日ほど離れ座敷を病室にして治したぐらいであると。

「郁蔵略伝」では、引き続き郁蔵にかかわることについて述べている。詳細は第5章(1)(九八頁)に収録しているので参照していただくとして、いくらか補いながら順次紹介していこう。

開成館の総督は藩士細川潤次郎(藩の儒者・細川延平の息子で蘭学を修めた。維新後は枢密顧問官を務め、のち政治家となる――九六頁)で、洋学局頭取をかね、のち砲術教頭となり、藩医山川良益が頭取となる。その助手として、町田権蔵・横山敬策、あるいは島崎溶庵の名前があがる。町田権蔵は大坂の除痘館から分苗《ぶんびょう》(牛痘苗の分与)を受けている。その他、仏学教頭は長崎人松山寛蔵、英学教頭は長崎人長野右門・沢井熊次郎、助教に大石正巳・今村和郎・馬場辰猪の名が記されている。横山敬策は洋学を学んだ。大石正巳はのち政治家で民権運動家ともなった。今村和郎は勅撰議員、さらに馬場辰猪は自由民権論者となる。権力闘争の激しい土佐において開成館は近代に向けて多くの人材が集まっていた。

郁蔵の嗜好は土佐に行っても読書と酒のみで、晩酌は欠かさず飲み、来客があれば深夜におよぶ。土佐で親しい人は細川潤次郎と島崎溶庵の二人だけで、来れば必ず、酒を酌み交わし、明け方まで続いた。郁蔵は細川・島崎の両人と胸襟を開いて時局を論じ、洋学の将来について語ることができた、この二年余の高知こそ至福の時間ではなかったろうか。

慶応四年二月二十三日、突然ながら藩主に同行を命ぜられて神戸港に向かった。目的は「堺事件」の解決であった。事件は同年二月十五日午後四時頃、フランス軍艦デュプレクス号より水兵数十名が泉州堺浦に上陸し、堺警備担当の土佐藩兵が咎《とが》めて衝突し、フランス兵十一名が殺傷された。

神戸行きには松本端が同行し、シュリンセンと称する藩船の蒸気船に開成館洋学局の助手島崎溶庵と乗り込んだ。戊辰戦争で奥州へ向かう兵士で満員のなかを三人で一枚の蒲団に一枚の毛布をかぶって臥せた。翌二十四日に出帆し、二十五日朝、神戸港の仏国軍艦の側に投錨した。実際の折衝（謝罪的挨拶）は藩主が数人の重臣を従え、仏学教頭松山寛蔵を通訳とし、小艇に乗ってフランス艦に赴く手順である。神戸に同行した多くの藩臣は藩主の身の危険を案じたが、郁蔵は一人笑って、心配ないと説いた。外国書の翻訳を通して外交交渉術を習得していたのであろうか。結果は果たして何事もなく終わり、当日大阪港へ移動した。事件の具体的な解決は別途の外交交渉において決定した内容に従って、賠償金の支払いと、フランス兵の殺傷に加わった土佐藩兵二十名は全員切腹することとなり、堺の妙国寺で行われた。ただ、十一名の切腹が終わった段階で、フランス検視官は残りの助命を乞うて九名が死をまぬかれた。事件勃発からわずか一〜二週間で収束できたことが事件の影響を最小限にとどめたといえよう。

慶応四年三月十五日、郁蔵は藩主の御用が終わって帰国するに従ってまた高知に赴いた。復路は藩有の小汽船のため最少人数となり、郁蔵は藩主とともに乗船できたが、松本端は他の従者とともに無蓋小帆船に分乗して先発し土州安芸郡甲浦《かんのうら》港に着き、沖合を藩主の船が通過後、野根山越えして高知に帰った。その途次、緒方郁蔵が通ることを信じていた村々では礼服を着用して出迎えた。端は医師としては未熟で、最初のみ診察したものの、以後は道の険しくて疲れが激しいことなどを理由にすべて断ったが、郁蔵の人気を改めて知らされることとなった。

独笑軒塾姓名録「門生姓名」によると、土佐出身の郁蔵門人は二十六名を数え、門人の三分の一近くを占めている。野根山山中での郁蔵人気とあわせて、郁蔵の存在感を示すものといえよう。

藩主に同行した郁蔵は前述のように、慶応四年三月半ばには土佐に帰ったが、次章（六九頁）で述べるように、間もなく維新政府の御用のために帰阪し、大阪医学校に勤務した。

残念なことに、土佐藩資料のなかには緒方郁蔵関係のものはほとんどみられないが、かつて編纂された「高知藩誌」にわずかに残されている。この資料は山内家家史編纂所（東京）が編纂したものであるが、この編纂所の資料は戦災のため東京でほぼ消失し、「高知藩誌」も今はみることができない。焼け残った約二万点の資料は現在高知市内の土佐家宝物資料館に所蔵され、歴代公記の編纂がなされている。この編纂所に長らく（大正九年～昭和二十六年）勤務した平尾道雄氏が医学関係資料を抜粋して「土佐藩医道史纂」（高知市民図書館平尾文庫蔵）と名づけて合綴されている。このなかに「高知藩誌」から抜き書きしたわずかな郁蔵関係資料が収められている。

平尾道雄氏はすでにこの緒方郁蔵関係資料を『土佐医学史考』に収録して検討しているが、改めて「土佐藩医道史纂」から引用しよう。

〔高知藩誌〕外事

其県士族

一家禄二十人扶持　　大学少博士

緒方惟高

右扶持米之儀も同様御引渡可有之候也

下ケ紙

本文緒方惟嵩ハ緒方郁蔵之事ニテ大学校へ出仕之節藩名相唱候儀願出承置御座候処、別紙之通大坂府ヨリ申来候ニ付同人病死後ハ勿論二十人扶持被差止候段相答可然ト存候、此儀ハ本文之内別段当地ニテ答方可仕哉

大坂邸務

右の資料は「高知藩誌」外事編から引用したものであるが、文書の差出人は「下ケ紙」（付箋）より大坂府である。緒方郁蔵は明治四年（一八七一）七月九日に病死した。五十八歳である。同月十四日に廃藩置県が公布されたが、郁蔵は土佐藩士として家禄二十人扶持を受けている。この文書では郁蔵死亡を知らないままにその家禄を支給するよう大坂府が求めている。これに対して、高知県大坂邸務局は文書に「下ケ紙」をつけてその対応を県にたずねた。高知藩士と唱えることは了承しているが、本人が亡くなっているので、支給は不要ではないかと大坂邸務局が県当局に伺いを出した。次の資料がそれに対する回答である。

緒方惟嵩

右扶持米大坂府へ引渡之儀先便伺出候処同人病死之上ハ勿論爾来下賜二十人扶持ハ被除ノ訳ニ付其作配有之伺越之通同府へ可申立也

辛未九月

権大参事

大坂出張

正権大属中

この回答は同人が病死している以上、もちろん支給する必要はないので、同府へ連絡するようにとのことであった。この大坂府文書は、土佐藩から郁蔵宛に支給される家禄二十扶持について、大坂府が何らかのかかわりを持っていることを示している。

これまで郁蔵関係文献には、郁蔵を高知県士族と記していることはほとんどみかけなかったが、「郁蔵が大学校出仕の際、高知藩名を唱えることを了承している」と「下ケ紙」にあるように、安政元年（一八五四）以来土佐藩の仕事を行い、慶応二年（一八六六）から足掛け三年にわたって土佐在勤で仕事をしているのであるから、安政元年から十五年間も土佐藩と直接かかわったわけである。そして、帰阪後の大阪医学校時代も明治四年（一八七一）まで家禄を貰っていたので、十八年間も土佐藩士であり、立派な高知県士族といえよう。なお、緒方郁蔵生家の大戸家には「備前長船祐定」の銘入り脇差（長さ五十一・六センチメートル）を所蔵しているが（口絵6）、土佐藩勤務時代（安政元年~明治元年）のものであろうか。

第4章　大阪医学校時代

緒方郁蔵は慶応四年（明治元＝一八六八）閏四月十七日、身分はそのままで土佐藩より俸給も支給されて大阪在住を許され、維新政府の任務を命ぜられた。というよりも、現実にはこの任務に就くために帰阪したようにさえ感じられる。残された幾つかの辞令を参考に大阪医学校時代について考えてみよう。

第1節　明治天皇の行幸と病院建設

明治天皇は、まだまだ政情不安の感じられる慶応四年三月二十三日から閏四月七日にかけて大阪に行幸、滞在したが、閏四月六日、次のような御沙汰書が大阪裁判所（大阪府の前身、同年五月二日に大阪府となる）から出された。

太《（ママ）》政御一新之折柄、鰥寡《かんか》孤独貧窮之者、自然療養不行届、天年之寿命ヲ保コト能ハスシテ、空ク致落命候者有之候テハ、可憫《あわれむ》事ト深ク御垂憐《すいれん》為遊、厚キ御仁恵之思食《おぼしめし》ヲ以、今度於浪華病院御取建ニ相成、窮民ニシテ疾病療養不行届之者共、御救助可被為在旨被仰出候事、

　閏四月

追テ病院取建之場所並医師人物、制度規則等、早々取調可申出旨、御沙汰候事（行在所日誌）

大政御一新に当たり、特別の思召しをもって鰥寡《かんか》孤独（身寄りのない人）や、困窮者で療養不十分の人たちの病院を建てるというものである。この布令は当然ながら大阪三郷や大阪府民に伝えられた。さらに、早急にその計画を立案するよう指示している。これは窮民施療を目的とした公立病院の設置命令で、伝統的な仁政思想にもとづくものであるが、すでに慶応四年二月、典薬寮の高階経由・高階筑前介の両氏が建白書を提出して、西洋医の採用と医病院を設けて困窮者の施薬施設を整備するように進言している。廟議《ちょうぎ》はその建白をとりあげ、宮廷典薬寮の西洋医術採用を決定し、オランダ帰りの緒方惟準らの起用となるが、病院建設は大阪での実現に向けて動き出した。

辞令①

大坂北久太郎町井池東へ入

官禄二百石本国・生国共備中高智藩緒方藤原大神朝臣惟嵩

辞令②

緒方郁蔵

右当地エ病院御取建之儀被仰出候ニ付、掛リ被仰付候事

五月十四日

辞令③

緒方郁蔵

右病院取建之場所并医師人物制度規則等、見込之分早々取調へ可申出事

五月十四日

太政官

郁蔵に対する辞令①〜③は年代が欠けているが、前掲の慶応四年閏四月六日付御沙汰書にそって出されたものであり、この三つの辞令はその一か月余りのちの五月十四日に出されたこととなる。郁蔵は官禄二百石を給され、病院取建掛として、場所・医師・人物・制度・規則などの取調べがその任務であった。ところで、元土佐藩開成

館を率いた後藤象二郎は新政府の参与兼外国事務局判事として在阪し、五月には参与兼大阪府知事となった（九五頁）。緒方郁蔵の人選が後藤象二郎によるものであったことはほぼ間違いなかろう。郁蔵は洪庵なきあとの大阪にあって緒方拙斎とともに適塾一門の信望をあつめる立場にあった。

さて、郁蔵は病院の場所や建物建設や人事などについて検討しているなかで、時代は刻々と動いており、朝令暮改ともいえそうな流れがみられた。

十月、長崎に設立されていた分析窮理所が江戸に移されることになった。また慶応四年の開校をめざして、ほぼ建設が完成していた開成所内理化学校が、維新動乱を避けて、急遽大阪設置に変更された。すなわち舎密局《セイミきょく》である。これは参与小松帯刀や後藤象二郎などが理化二学は国家富強のもとをなすものであることを知って、一日もなおざりにすべきでない旨を右大臣三条実美に建言し、実現したものであった。教師ハラタマ、御用掛田中芳男・神田孝平・箕作麟祥《りんしょう》・何《か》礼之助らが、舎密局建設の任をおびて来阪し、大阪城西側の空き地に十月四日、起工式が、次いで十一月十八日には上棟式も行われた。

この新しい状況を踏まえて大阪府から新大学構想の「御布告案」が十月に布告された（『神陵小史』）。

御布告案

此度追手前に於て新大学校御取建ニ相成、舎密術《せいみじゅつ》を初め、英学・仏学・蘭医学・数学・法学等学術御開ニ相成候付、諸藩ニ而稽古望之者有之候は丶大坂府に可申出候、尤当時御普請ニ付、来三四月頃より稽古相始リ可申候間、日限之儀者追而布告相成可申候
右入学相願度候者は年令名前等取調、夫々留守居等より申出候事
（入学規則略）

右之通り相心得入学可致候事

一　入塾後塾内規則等は追而御布告に相成候事

一　大学校之外病院も近々御取立ニ相成候間、医術修行致度候者も追々可申出候、日限之儀は是亦追而御布告相成候

辰　十　月　　　　大　坂　府

これによれば、新大学校は舎密術を初め英学・仏学・蘭医学・数学・法学などを教えることになっていた。さらに「大学校の外、病院も云々」とあることから、緒方郁蔵を取建御用掛に命じた窮民向けの病院創設は新大学構想にふくまれることとなった。

ところが、この新大学構想の布告と前後して東京遷都が行われ、維新政府は新首都整備に忙殺され、舎密局建設は一時宙に浮くなどして困難を極め、経費の不足から年内完成予定の計画は遅延した。

第2節　大阪仮病院（第一〜二次）の開設

大阪仮病院（第一次）の開設　明治元年（一八六八）十二月になって太政官は緒方郁蔵に対し、次の辞令を出して、前掲五月の病院取建御用掛の任務を変更した。

辞令④　　　　緒方郁蔵

当分以御雇仮病院掛リ申付候事

十二月　　　　太政官

大阪府によって同年十二月に開設される仮病院において、御雇い医師として当分の間務めるよう太政官が命じ

たものである。そして同年十二月十四日、最初の大阪府仮病院（第一次）が設けられた。この病院の開設については「仮病院詰所日記」（所在不明、松田武氏論文等に一部翻刻）が残されていて、多数の参加者のもとにこの日、落成式が行われたことが記録されている。この日記によると、病院の陣容は次の通りである。

教　頭　ハラタマ

医師方　緒方郁蔵・緒方拙斎・小野田篠庵・中欽哉・小野元珉・大井卜新

医師のもとに看頭（看護頭）、小生（書生）、看護人など

医師の大部分は適塾門人であった。しかし、この仮病院は大阪府兵局管轄下の軍事病院で、当初に計画された困窮者向けの、いわゆる慈恵病院ではなかった。これは戊辰戦争で多くの士卒が負傷したため、その受入れのためにそちらを優先したのかもしれない。緒方郁蔵は御用掛を主務として、訳官の役割も兼ねていたとみられる。医師のもとに看頭（看護頭）・小生（書生）・看護人がいて、難しい患者はハラタマが、日常の医務は緒方拙斎以下の医師が当たり、院内では門生の医術指導も行われていた。

明治二年（一八六九）に医藉編制のために大阪府在住医師の取調べが行われ、洋方医は御用掛を命じられた郁蔵が担当したが、医師の風俗取締に関する布令にもかかわっていたとみられる。例えば、大坂で寛政末頃（一八〇〇）から発行された相撲見立大坂医師番付は一種の人気番付で、医者にかかるさいの参考にもなって幕末期まで継続していたが、「阪元ヘ相頼、色々不正之振舞も有之趣、元来医術之儀ハ、生命相預リ候至大之業」との理由から、この現状に鑑み明治元年十一月、医師番付の発行を一切禁止した。また、医師の取締については次のような布令を出しているが、この起草者も郁蔵であったとみられる。

医師ノ取締

近来医業之者風俗甚敷、往々奢侈《しやし》ニ相流レ、病家之急ニ趨《はし》るとハ乍申、近方往来等之節も駕籠相用ひ、或ハ二枚肩・三枚肩抔《など》与唱《となえ》、謝金相貪《むさぼ》り、就而ハ自然貧窮之者共治療難相受、終ニハ薬汁を不服、死ニ到リ候ものの有之候様相成、且原書ハ固《もと》ヨリ、一冊之訳書をも不読《よまず》して蘭薬を相用ひ、薬毒を不顧《かえりみざる》事共、医業之本意を忘れ、以之外《もってのほか》之事ニ候、依而近々病院被取建候条、其節有志之輩ハ、詮議之上、入院修業方被差許候間、虚名を不売、実学を以旨とし、民命相救ひ候様、深く其心得可有之候事、

明治元年十二月十三日

布令の主旨は、医師の風俗が奢侈に流れ、あるいは一冊も原書や訳書を読まずに蘭薬を用いて薬毒を顧みないことはもってのほかだが、近々病院が開設されるので、志のある者は採用されよう。虚名を売らず、実学を心がけ、庶民の命を救うよう求めている。医師についてはその後も引き続き各種取締りの布令が出されている。

一方東京では、医学所創設に関連して、「医学振興の布告」が、明治元年十二月七日に太政官より出され、大阪と同様の主旨で医師に警告し、免許を得られないと医術開業が許可されない方針を明らかにした。

このように、東西で同時期に医師のあるべき姿を示して、病院が今後医学教育の基本機関となることを明示し、西洋医学を中心とした医籍編制の方針を明らかにした。緒方郁蔵は西欧の新知識として医学・医療制度確立の中心的役割を嘱望されて登場したといえよう。

ところで、この仮病院はどこに設けられたか不明であるが、幕長戦争のさいにしばしば幕府の臨時病院となった尼崎町壱丁目（現：大阪市中央区今橋三丁目）の除痘館もひとつの候補地かも知れない（松田武氏案）。大坂の除痘館は幕末から明治にかけても種痘は継続していたが、種痘所のあった「尼ケ崎町壱丁目水帳」には明治元年十二月二十四日付で左隣りの住宅（間口四間半、奥行き二十間）を「掛屋敷種痘所」と登記した。確かに、こ

の時期は種痘が忙しくて拡張を迫られる状況ではないのに拡げているので、除痘館を一時的な軍事仮病院としたのではないかとの推測も可能である。この第一次大阪仮病院は明治二年二月二十五日、患者兵の退院と玄蕃少允《げんばしょういん》（惟準《これよし》）への引き継ぎをもって終了し、前掲「仮病院詰所日記」の記事も書き止められている。

大阪仮病院（第二次）の開設　ボードインは明治二年二月、大阪府から「蘭医ホウトエン　当分仮病院在勤、治療伝習等被仰付候、尤当府ニテ管轄いたし候事　二月　大阪府」の辞令を受けとった。

オランダの陸軍一等軍医ボードインは文久二年（一八六二）ポンペの後任として来日し、長崎養生所・医学所で診療や医学伝習生の教育を行い、門生のなかから明治医界の指導者が輩出した。慶応二年（一八六六）、ボードインの建言によって分析窮理所が設立され、ハラタマを招いて委ねた。同三年五月中旬、任期を終えて帰国するさいに、緒方惟準と松本銈太郎をオランダ留学させた。帰国前にボードインは江戸に本格的な医学校を設立することを提案して自身幕府の招請に応じることを前提に、幕府とオランダ公使が約定した。その内容は慶応三年十一～十二月より二年間江戸において、病院と内科学校を設立し、その病院で使用する各種備品などはボードインが用意することとなっていた。その準備などで一旦帰国して、翌四年（明治元＝一八六八年）一月横浜に入港した。しかし、日本は戊辰戦争の最中で、一旦上海に避難したが、同年末にボードインは改めて契約履行を求めた。維新政府は東京での履行を打診しつつ、最終的に大阪仮病院での勤務とした。

緒方惟準（緒方玄蕃少允）も同じく明治二年二月、行政官から「当分大坂ニ罷在ボードイン江申談、仮病院并伝習等之御用向、早速手始可申旨御沙汰候事」の辞令を受けとった。

緒方惟準は慶応四年七月にオランダから帰国間もなく、宮廷典薬寮の西洋医術採用の決定に従って、やや強引に選任されて京都へ出仕し、さらに遷都により十月には東京に赴任した。東京では病院取締出張、続いて病院取締に任ぜられたが、その任用に問題があったかとみられる。明治二年一月、母の看病という名目で帰阪を願い出て、同下旬には在阪していた。そこで、ボードインの仮病院在任期間中、彼を助けて仮病院の設立と医学伝習の御用掛に任ずるという辞令を受けた。

第一次大阪仮病院は軍事病院として二か月余りで終わり、ボードイン経営の一般病院（第二次仮病院）に切り替えられた。この病院をどのように運営するかについては、東京の医学校取締御用掛の岩佐純・相良知安が新たに参加し、ボードイン・緒方惟準・緒方郁蔵・ハラタマ、それに大阪府の担当役人たちが加わって検討された。二月二十五日、第一次仮病院がボードイン・緒方惟準に引き渡され、新たに寺町（現：大阪市天王寺区上本町四丁目）の大福寺を医学教育の場としたのである。当時の様子を緒方惟準は『暗嗚嘜哄《ボウドイン》袖珍方双《しゅうちんほうそう》』で「未タ数月ナラス治ヲ乞フ者日ニ門ニ満チ生徒遠方ヨリ来リ業ヲ受クル者百余人ニ及フ」とつたえ、盛況が知られている。

この仮病院（第二次）は明治元年閏四月に出された大阪裁判所の御沙汰書（六九頁）の趣旨を受けた病院である。明治元年十月に大阪府が構想した新大学案の病院にはほど遠いものであったが、その陣容は次のようであった。

教頭　ボードイン
大坂府在勤　緒方玄蕃少允
当番医　緒方拙斎・小野田篠庵・大井卜新・中欽哉・小野元珉
御用掛　丹羽欣次郎
俗事懸　沼田三十郎

右の当番医はすべて第一次仮病院の医師たちである。その後増員された医師として、高安道純・三瀬《みせ》諸淵《もろぶち》・有沢基次・堀内利国らがあげられる。職員録に緒方郁蔵が見当たらないのは、前掲の慶応四年五月の辞令にある「病院取建之場所并医師人物制度規則等」（七〇頁）の取調べの任に復帰し、大阪府病院の建設に当たっていたからとみられる。

開院後の病院はボードインが朝に講義をした後、入院患者と外来患者を診察した。病院は目新しい施設なので最初は多かったが、落ち着くと外来患者は七十～八十名ぐらいとなった。一般には病院などに行くことを好まず、とくに上流の人はこれを厭う風があり、従って来院する人は中流以下の人びとに限られていた。患者は胃腸病・性病・眼病とさまざまであるが、眼病患者が集中し、患者の七割ちかくになったという。

第３節　大阪府病院と大阪府医学校病院の開設

大阪府病院の開設　明治二年（一八六九）七月十九日、大阪府病院が鈴木町代官屋敷跡（現：大阪市中央区法円坂二丁目、国立大阪病院の一隅）に修築竣工し、仮病院（第二次）は発足五か月でこちらに移転した。

大阪府は同日、府下住民に次のような布告を出した。

今般鈴木町元代官屋敷ニ於而病院取建相成候ニ付、診察・療養請度《うけたき》ものハ、朝四ツ時より九ツ時迄之間、勝手ニ罷越可申候、尤困窮之ものとも者、同所へ願次第、施薬をも遣し候事

従来は仮病院・医学校とか呼ばれていたが、大阪府病院が正式に発足し、ボードインによる医学教育と診療が推進されていった。病院の日常は朝六時から十時までボードインや緒方玄蕃少允（惟準）が講義し、十時（四ツ時）より十二時（九ツ時）まで外来患者の診察、夜の六時から八時まで再び緒方玄蕃少允が講義した。そして、日曜日が休業となっている。伝習生（学生）は百五、六十人、学寮には十六、七人が入り、他は通学生である。

明治二年八月、緒方郁蔵に次の辞令が出された。

辞令⑤　　緒方郁蔵

以御雇西洋医取調申付候事

（明治二年）
巳八月　　太政官

すなわち、西洋医師の学術手腕を取調べることを命ぜられた。漢方医師の調査は三角従六位（有儀）が担当した。その結果、医師を上中下に分かち、上等・中等は苗字帯刀が許され、業務にも差がつけられた。幕末維新期においては個々の医師は相当技術力に差がみられたことと思われる。

大阪府病院は順調な歩みをたどり、大阪府の「新大学構想」に掲げられた蘭医学校の創設が残された課題となってきたが、この医学校創立段階にいたり、東京医学校から直接設立方針が示された結果、適塾学統がはずされ、緒方惟準らは新設される陸軍病院を担うこととなった。

大阪府医学校病院の開設　明治二年十一月、高橋正純以下多くの人材が東京から赴任して大阪府医学校病院が開校した。緒方郁蔵は他の適塾一門とは離れてそのまま残り、その機会に多くの辞令を受けている。

辞令⑥　　緒方郁蔵

任大学少博士　叙正七位

右宣下候事

明治二己巳年十一月八日

太政官

辞令⑦　　緒方少博士

以当官大坂在勤被仰付候事
　十一月
　　　　　　太政官

辞令⑧　　緒方少博士
　右翻訳編集専被仰付候事
　十一月
　　　　　　太政官

辞令⑥では、緒方郁蔵は明治二年十一月八日付で、少博士に任ぜられ正七位に叙せられた。また辞令⑦では、大阪在勤を命ぜられた。緒方惟準の東京勤務云々の話（最終的には大阪の軍事病院へ）がある最中での辞令である。そして辞令⑧では、郁蔵の語学力を生かせる翻訳編集の専務に仰せ付けられた。最晩年の明治二年十一月から没する同四年七月までの二年弱は体調不良を秘めながらも翻訳に専念できた時期であり、その結果が『官版日講記聞』十一冊と『開校説』の出版に結びついたといえようか。

大学主導で開校した大阪府医学校は明治三年二月に大学の管轄となる。学校の建設は新講堂の竣工でほぼ完成をみた。新講堂の完成を祝い、かつ新任教師エルメレンスの就任挨拶をかねた記念講演会が同年十二月五日、学校関係者や官界からの来賓および教職員や生徒ら多数集めて開催された。この講演会は翌年、緒方郁蔵によって『開校説』としてまとめられた。この『開校説』は、オランダの新進気鋭の青年医師エルメレンスが新天地にのぞんだ心の高ぶりと、ヨーロッパ諸科学の最新の知見を取り入れ、その精髄を如何に伝えるかの想いを述べたものを郁蔵が活字にしたのである。郁蔵自身が文久二年（一八六二）の『日新医事鈔』シリーズ出版以来、著書において西欧の最新学術情報を紹介しようと努めてきただけに、今回エルメレンスの講演を記録して出版できたことはこの上もなく幸せではなかったろうか。第5章(9)にこの『開校説』を翻刻して収めた（一三七頁）。

なお、この大阪府医学校と病院はその後も変遷を重ねて、大阪大学医学部へと系譜をたどる。

第4節　大名の診察

緒方洪庵が備前藩主の診察を行ったことがある。洪庵は何も書き残していないが、中山沃氏の調査によれば、「池田家文書」から次のような概要が明らかになった。当代藩主・池田慶政《よしまさ》の手痛を診察するため、万延元年（一八六〇）閏三月二十七日と二十九日に診察したという。そして、四月五日藩主に御目見《おめみえ》（診察なし）後、別室で酒と吸い物をいただき、藩当局から銀子二十枚と品物、弟子への銀子が別に贈られた。洪庵と備前藩との事前折衝では諸費節減のためなるべく手軽にとの申し入れがあり、一方、洪庵からは外聞とのかねあわせもあるので、多少の配慮を申し入れたことが記されている。

洪庵の別の事例で、大名の子弟に種痘したケースがみられる。播州山崎藩は一万石ながら譜代大名として、京都や大坂の諸役を勤めた。幕末の藩主・松平忠隣《ただちか》は安政四年（一八五七）～文久三年（一八六三）と慶応二年（一八六六）～同三年の二度にわたって大坂城定番役を勤めたが、最初の定番役のときの文久元年二月朔日、洪庵は山崎藩大坂中屋敷にうかがい、藩主の子女・於勉に牛痘種痘を施し、七日に上屋敷で途中検診、十三日については洪庵の出仕記録はないが、種痘は順当にすませたと記している。藩からの下されものはそのつど、洪庵にお菓子、供の者に支度代弐百文ずつが支給されている。

大坂の除痘館社中として一時名を連ねた漢方医・春日寛平が、元治元年（一八六四）正月、播州明石藩主に招かれて明石侯の「大孺人」を往診した。大孺人は身分ある人の妻とされるから、正室は明石に住めない仕来《しきた》りなので側室のなかでも位の高い人ではなかったかと思われる。寛平の遺稿集『載陽遺稿』中の年表に記載されているのみで、詳細は不明である。春日寛平は明治期の大阪漢方医のなかで大御所と伝えられている。

「郁蔵略伝」によれば、緒方郁蔵は明治元年（一八六八）六月十五日に播州明石藩老侯の診察にうかがったことが記載されている。明石藩は初代小笠原忠真が元和三年（一六一七）～寛永九年（一六三二）まで十六年間在任した後、半年間の幕府領を経て、寛永十年、松平康直《やすなお》が信州松本から赴任し、以後明治維新まで十六代続いた。明治元年当時の藩主（十五代）は松平慶憲《よしのり》で、弘化元年（一八四四）～明治二年（一八六九）まで二十六年間在任した。老公と称される所以である。ただし、慶憲は文政九年（一八二六）生まれで、明治元年当時はまだ四十二歳であった。ちなみに、慶憲は明治三十年（一八九七）、七十一歳で亡くなっている。

「郁蔵略伝」は郁蔵の側近として仕えた高弟・松本端の記録でもあり、明石藩主の往診はこれまでにも二～三回あったと聞くが、端本人としては今回が初めてという。その同行記によれば、藩の和船が（大坂から）先生の輿《こし》および輿丁《よちょう》と合せて合計八名を乗せて兵庫港に着き、藩の用達旅館に一泊し、翌十六日、陸路明石にいたる。藩からの接待担当者が二、三名市外で出迎え、旅館見習亭へ案内する。小休止の後、「御館」にあがり診察する。翌十七日再度「上館」して診察し、午後帰路に就く。その接待は来たときと同様である。

見習亭に一泊したときの夕食は山海の珍味が山のように盛られ、まるで「華燭の盛典」のようであったとしている。先生への謝礼も金百両、生魚一舟、その他の賜わりものがあった。旅館見習亭は明石海岸の大酒楼で、まさに風光明媚な場所にあり、向かいには淡路島の村々が遠望でき、白鷗が飛び交い、無風流な郁蔵先生も酔うと思わず漢詩一編を賦せられた。その素晴らしさはいついつまでも忘れられないという。残念ながら見習亭はその後（明治後期カ）富人の別荘となったという（一〇八～九頁）。

第5節　緒方郁蔵没後の緒方家──子どもたちと道平の家族──

道平（妹尾《せのお》氏）

妹尾道平（弘化元＝一八四四年～大正十四＝一九二五年／八十二歳）は備中国下道郡箭田《やた》村（現：岡山県倉敷市真備町箭田境）生まれ、妹尾益次郎康義の三男で、慶応二年（一八六六）、摂州有馬郡名塩村の蘭方医・伊藤慎蔵に入門し、さらに大坂の独笑軒塾に学んだという。伊藤慎蔵は適塾門人で塾頭をつとめている。道平の性格は温厚篤実で郁蔵と相似ていたから、養子として後事を託された。郁蔵は五十代後半に入る頃から老いを実感し、体調不良も加わり、一方で子どもたちがまだ幼いので、明治四年（一八七一）、道平を養子にしたが、当時二十八歳であった。郁蔵は道平を迎え入れて間もない同年七月九日、咽頭悪性腫瘍で亡くなった。五十八歳。墓は大阪天満の龍海寺、師・緒方洪庵の墓近くに葬られた。なお、この墓は緒方郁蔵家を継ぐ緒方道彦氏が二〇〇〇年前後に福岡市の聖福寺内、緒方家の墓に合葬されたが、単独の緒方郁蔵墓碑はみられない。龍海寺内の緒方郁蔵の墓石は現在（二〇一四年）のところそのままなので、やむなくこの墓碑の写真を掲載することとした（図1・口絵8）。

図1　緒方郁蔵墓碑

郁蔵没後、道平は郁蔵未亡人エイ子を助けて弟妹の教育に当たることとなる。明治四年現在、郁蔵の子どもたちの年齢は次の通りである。

長男　太郎　　十五歳

長女　久重《ひさえ》　十二歳

次男　三郎　　十歳
三男　四郎　　六歳

明治五年、翌六年から開催されるウィーン万国博覧会に日本も参加することとなり、道平はその事務官となり、ドイツ語通訳者として佐野常民に同行した。オーストリア滞在中はマリアブルン大学や同国山林局で林政を実習した。明治八年一月に帰国して、同年二月に家族とともに東京に移住して内務省地理寮山林課に勤めた。この年、長女・久重と結婚した。

明治二十年（一八八七）、山形県参事官・書記官として山形市に赴任し、同二十五年からは福岡県書記官となったが、同三十年依願退職した。翌三十一年に福岡県農工銀行の創立に加わって頭取となり、大正十年（一九二一）に勧業銀行と合併するまでその地位にあった。山林学の専門家として、『水源涵養土砂扞止論』『森林律造林方』『道路並木説』『養魚方』などの編著書がある。

次に郁蔵の子ども四人について、「郁蔵略伝」などに依拠しながらふれておく。

長男・太郎

安政四年（一八五七）～明治三十三年（一九〇〇）、四十四歳。明治十六年（一八八三）東京帝国大学医学部を卒業して、秋田県立医学校一等教諭兼病院医局長・新潟県公立病院長・富山県公立病院長、第三高等中学校教諭を歴任。明治二十二年大阪緒方病院副院長。同二十六年辞職して、大阪市東区瓦町一丁目に開業したが、数年後に急逝した。

明治三十三年、将《まさ》に病院創立の挙あらんとするに際し、同年十月三十一日、患家白井呉服店に於いて将に座を起《た》んとするや忽然脳溢血を起し人事不省となれり、性篤実温厚《とくじつおんこう》、能《よ》く先生の気質を承《う》けたり、惜矣哉《おしいかな》平生過度の飲酒素因となり、天年《てんねん》を籍《ゆる》さずして遂に起たず、享年四十四歳、天満龍海寺先塋《せんえい》の側に葬る。

図2　緒方郁蔵家略系図

図3　緒方郁蔵生家略系図

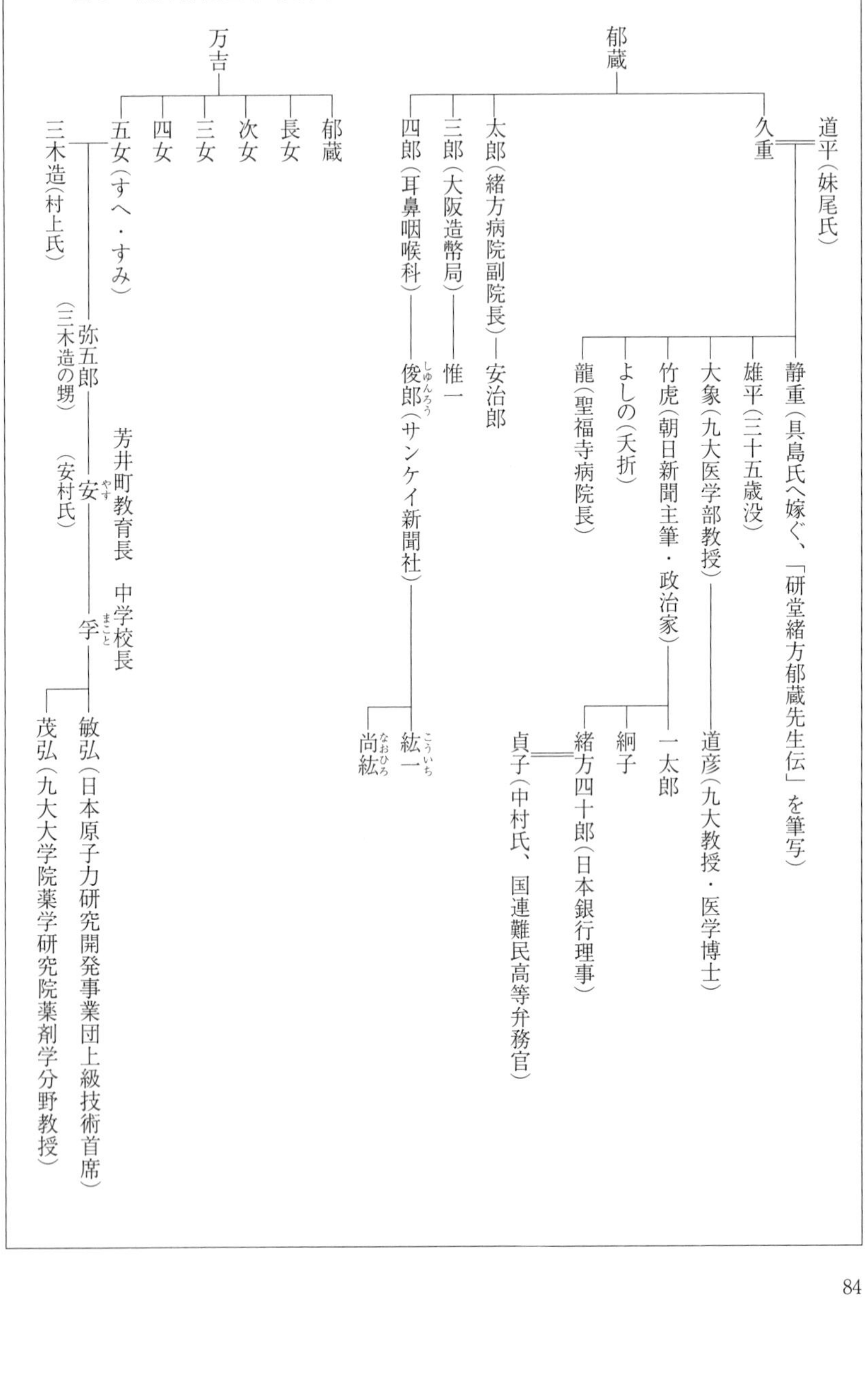
郁蔵
久重
道平（妹尾氏）
太郎（緒方病院副院長）
安治郎
三郎（大阪造幣局）
惟一
四郎（耳鼻咽喉科）
俊郎《しゅんろう》（サンケイ新聞社）
紘一《こういち》
尚紘《なおひろ》
静重（具島氏へ嫁ぐ、「研堂緒方郁蔵先生伝」を筆写）
雄平（三十五歳没）
大象（九大医学部教授）
道彦（九大教授・医学博士）
竹虎（朝日新聞主筆・政治家）
一太郎
絅子
緒方四十郎（日本銀行理事）
貞子（中村氏、国連難民高等弁務官）
よしの（夭折）
龍（聖福寺病院長）
万吉
郁蔵
長女
次女
三女
四女
五女（すへ・すみ）
三木造（村上氏）
弥五郎（三木造の甥）
安《やす》（安村氏）
芳井町教育長
孚《まこと》
中学校長
敏弘（日本原子力研究開発事業団上級技術首席）
茂弘（九大大学院薬学研究院薬剤学分野教授）

妻・菊子は宮中顧問官久我通久の女にして東久世通禧の養女。明治十七年、女子章代子を出産。同三十七年、東京に移住して相馬の医士・伊藤安治郎氏を養子に迎えて章代子を配して三男を生む。安治郎氏は福島県相馬郡小高町南小高伊藤元甫の子息である。

長女・久重《ひさえ》　万延元年（一八六一）～昭和二十年（一九四五）、八十五歳。明治八年（一八七五）、十六歳にして道平と結婚し、家庭をよく守り四男二女を授かった（図２）。喜怒哀楽を顔にあらわさない人で、肉親の不幸にあっても人前では涙一つ流さず、また同席の者が笑い転げているときでも一緒に面白そうに笑っているのをみた者がなかった。久重は家つきの娘であるが、初対面の人はもちろん、多くの人がその事実を知らなかったほど控え目で、夫をたてた。正月などに手伝いに来る芸者たちも実にうまく扱ってそらすことがなかったという。その一方、進取の気性に富んだ人で、大正十五年、七十歳の時、立川飛行場ですすめられるままに飛行機に乗って、立川上空を一周したという。子どもたちに対して厳格で、独立自主の習性を養成するように努めた。

次男・三郎　文久二年（一八六二）生まれ。明治十八年（一八八五）工科大学応用化学科を卒業して、茨城第三中学教員、大阪造幣局技師、次いで日本銀行技師を勤める。

三男・四郎　慶応二年（一八六六）生まれ。道平や太郎に育てられ、諸医家の門戸を叩いて学んだ。明治三十七年（一九〇四）大阪慈恵病院医長となり、同四十一年、堀内耳鼻咽喉病院次長となった。のち大阪市内で耳鼻咽喉科を開業。

郁蔵の子どもたちの略系図（図２）と長男郁蔵が抜けた後の大戸家の略系図（図３）を掲げた。大戸家には郁蔵以外に妹五人がいた。郁蔵の去就が定まらないなかで次々と嫁ぎ、結局一番下の妹すへ（すみ）が養子をもらって大戸家を嗣いだ。

第6節　緒方郁蔵をめぐる人たち

本節では、緒方郁蔵の成長に合わせてかかわった折々の人びとをとりあげた。最初にその氏名のみ掲げる。山鳴大年・山鳴弘斎・阪谷朗廬・昌谷精渓・坪井信道・緒方洪庵・大庭雪斎・箕作秋坪・伊藤慎蔵・松田正助・後藤象二郎・細川潤次郎・ボードイン、そしてエルメレンスの十四名である。

山鳴大年《やまなりだいねん》　天明六年（一七八六）～安政三年（一八五六）、七十一歳。緒方（大戸）郁蔵の師であり、支援者でもあった。大年は備中国後月《しつき》郡簗瀬村（現：岡山県井原市芳井町簗瀬）の庄屋で、七祖・山成政右衛門の次男として生まれた。名は豊助、のち泰造、大年はその号で、晩年は葛翁と称した。山鳴大年と記しているが、『三代の系譜』によれば、「当時備中では山成一族は名望家で、本家に山成を用い、分家には山鳴を用いる習慣があったため、分家たる大年の姓を山鳴と記した」のである。

大年は二十キロほど離れた備後国安那郡川北村七日市（神辺《かんなべ》宿／現：広島県福山市神辺町川北七日市）の菅茶山（廉塾）に漢学を学んだのち、医学の道に進んだ。その後さらに、長崎に遊学して蘭学を修めて帰郷した。山成家の記録によれば、文化八年（一八一一）、二十六歳のときに妻を娶って、名を泰造と改め、医師になったという。大年は子どもに恵まれなかったので、兄・恵助《えすけ》の三男・弘斎を養子としているが、そうしたこともあってか、近隣の子弟を教育した。寺子屋とか塾の記録はないようであるが、その学舎を桂園と呼ぶ。養嗣子・山鳴弘斎をはじめ大戸（緒方）郁蔵・阪谷朗廬らが学んだ場所である。阪谷朗廬と大戸（緒方）郁蔵両人の才能をみつけて育てた山鳴大年は晩年に振り返って、「余の学を継ぐもの、漢学に朗廬あり、医学に研堂なり、死すとも憾なし」と常に誇りにしていたという（小田皓二「山鳴大年にあてた洪庵と郁蔵の書簡」）。

文政十年（一八二七）、十五キロ離れた笠岡（現：岡山県笠岡市）に出て医を開業した。天保九年（一八三八）の「備中州小田郡笠岡村明細帳」によれば、山成〔鳴〕大年・関立介（晃翁）・河井修平・伊藤三折・中河大介・森昌平、そして原田路平など七名の医師名がみられるという。大年は笠岡で天保十二年九月まで十四年間開業して簗瀬に帰った。嘉永四年（一八五一）に本家・山成家の東方に家を建てたという。

大年はまた、天然痘を予防するための牛痘種痘を行った。笠岡から帰郷したのちの嘉永三年（一八五〇）、緒方洪庵は足守藩からの要請に応えて足守除痘館を創設し、足守で種痘を施行するとともに近隣の有志に分苗《ぶんびょう》（ワクチンの分与）を行った。足守除痘館では緒方洪庵館長以下十七名が名を連ね、山鳴大年の養嗣子・山鳴弘斎もその一員に加わっている。嘉永三年一〜三月、千五百余人に種痘を行った。分苗所を一覧すると、

足守除痘館（足守）
難波抱節（備前金川）
石原朴平（のち守屋庸庵、備中大崎）
山鳴大年（備中簗瀬）
野上玄博（津山）
西有慶（芸州草津）

の六か所で分苗（ワクチンの分与）を行った。

嘉永三年三月、足守除痘館からワクチンの分与を受けた山鳴大年は直ちに簗瀬村で種痘を施行するとともに、一橋江原代官所へ種痘廻村願いを提出して、領内村々で種痘の巡回を行った。大坂の除痘館でも、大坂で種痘を

行いながら、除痘館社中が種痘に出かけたり、友人・知人・門人に働きかけて分苗して種痘を拡めたが、山鳴大年もまさにそのシステム通りにとりくんだわけである。農業中心の地域だけに、現実には廻村にも工夫が求められた。『芳井町史』によれば、「春方は甲怒村・下稲木村へ止宿、五月から七月までは農繁期なので治療を休み、八月からは山方の村々を廻村。十一月からは西江原村へ出張したが、寒気が強い上、十二月から正月にかけてはみな多忙であるから、種取りだけの治療にして越年した。しかし、この節種痘を望む者も増えたので、三月ごろまでは止宿するであろう」とある。

山鳴弘斎《やまなりこうさい》　文化十一年（一八一四）～明治元年（一八六八）、五十五歳。備中国後月郡簗瀬村（現：岡山県井原市芳井町簗瀬）で山成恵助の三男として生まれ、叔父大年の養子となった。通称を邦治・弘三・剛三ともいう。大戸（緒方）郁蔵と同じ年に生まれたので、成人するまで一緒に学んだとみられる。まず幼少時は桂園塾で学び、大年の勧めで大戸郁蔵とともに江戸で昌谷精渓《さかやせいけい》に漢学を、蘭学を坪井信道《しんどう》に学んだ。坪井信道は江戸後期の蘭方医で、伊東玄朴とともに二大蘭方医と称される大家であり、塾の先輩に同郷の緒方洪庵がいて知り合う。大戸郁蔵は父の命で坪井塾を一、二年足らずで帰郷させられたので、弘斎もそれにしたがった。天保九年（一八三八）、塾の先輩である緒方洪庵が大坂で適塾を開いたので、郁蔵とともに入塾した。天保九年十月三日付の緒方洪庵宛坪井信道の書状に「剛三、郁三（蔵）両子宜敷くお伝え下さい」とあるので、このときすでに入塾していたことが明らかである。また天保十一年の山鳴大年宛大戸郁蔵の書状では、「弘斎君も息災にしていますが、いまだ住む所は定まらず、当分適塾で学び、機を見て開業の心積もりのようです」と伝えている。弘斎は塾監をつとめたというが、あまり頑丈な身体ではなかったらしい。天保十三年に従妹（叔父直蔵の娘）と結婚しているので、この頃には退塾していた。

帰郷後は義父・大年を助けて医業を行い、嘉永三年（一八五〇）の足守の除痘館開設に当たってはその一員として活躍し、もちろん簗瀬村における種痘や巡回種痘にも加わった。非常な英才で、洋学に通じていたというが、晩年は鬱疾《うつしつ》に悩まされた。阪谷朗廬をはじめ郁蔵・江木鰐水《えぎがくすい》ら知人たちがその病状を案じていたが、明治元年、五十五歳で没した。

阪谷朗廬《さかたにろうろ》　文政五年（一八二二）〜明治十四年（一八八一）、六十歳。備中国川上郡九名村《くみょう》（現：岡山県井原市）に阪田良哉の三男として生まれる。母・政は簗瀬村の山成政右衛門の娘で大年の妹でもあるが、阪田良哉といとこ結婚した（政の父・政右衛門の妻は阪田甚兵衛の妹。朗廬の妻・恭も叔父山成直蔵の娘、つまりいとこ夫婦であった。昔はよくみられた近親婚である――五頁の図４）。従って、朗廬は大年の甥に当たる。父・阪田良哉（通称三五八）は阪田甚兵衛の長男であるが、父と阪谷朗廬の姓が異なるのは、本来阪田朗廬であったものを成人後に阪谷朗廬と変えた。阪田の姓はもと阪谷と言い、中興の祖といわれる五代甚八から阪田に改めたという。

朗廬の生まれた九名村は近世初頭から天領であり、天和三年（一六八三）撫川《なつかわ》知行所の旗本戸川氏の所領となった。やがて庄屋を営む阪田家は土地の有力者として藩札をとり扱うなどして、六代目阪田甚兵衛の頃は押しも押されぬ地域の名望家になっていた。この富を背景に阪田一門の人びとはそれぞれ彼らの資質を伸ばしていった。

朗廬の父阪田良哉は領主戸川氏にとり立てられ文化八年（一八一一）から文政五年（一八二二）の約十年間、撫川の代官所で勤務していた。文政五年、良哉は家業を弟・金作に譲り、江戸に出た。各氏に仕官し、下級御家人株を得たが、その任地は大和や摂津であった。安定した職を求めて、ようやく念願の武士身分を手に入れた。

文政五年の十一月、三男・朗廬が生まれた。良哉の仕事が安定し、また生まれたばかりの朗廬（幼名素三郎《そさぶろう》）がしっかりするまで母と子は九名村の生家で、叔父・金作と暮らした。

文政十年（一八二七）、朗廬は父の任地・大和五条へ母にともなわれて訪れ、間もなく転勤で大坂に行く。六歳頃に奥野小山に学び、八歳にして大塩平八郎の洗心洞塾に入った。天保三年（一八三二）十一歳、父の転勤で江戸の昌谷精渓や古賀侗庵《とうあん》に学んだ。昌谷精渓は同じ九名村の生まれで、父は以前から交流があった。十六歳のとき、父が悪疫にかかり急死したため帰省したが、勉学への想いが強く、翌年以降何度か江戸に出て昌谷精渓塾や古賀侗庵塾に入った。

嘉永四年（一八五一）朗廬は簗瀬の桜渓《さくらだに》に桜渓塾《おうけいじゅく》を開き、青少年の指導育成に当たった。桜渓塾の開設はわずか二年ほどでその詳細は不明であるが、大正二年（一九一三）桜渓遺跡保存会によって記念碑の建立、草庵《そうあん》補修、園庭植樹が行われ、興譲館祖の子弟教育の地として保存され、平成五年（一九九三）、周囲は桜渓塾跡公園として整備された。

嘉永六年、桜渓塾を発展させて、一橋家の郷校として井原寺戸村（現：西江原町）に移転して興譲館を開き、朗廬は教授として招かれ、多数の人材を育てた。現在も講堂と校門は創設当時の姿をとどめている。朗廬の名声は各地に広がり、遠くは九州からの入門者もみられた。その後、広島藩や明治政府に招かれて要職を務めるとともに、森有礼・福沢諭吉の主催する明六社に漢学者として唯一人参加した。興譲館は、高等学校として現存する。

郁蔵・弘斎は朗廬より八歳年上であるが、身近かな親戚として朗廬と弘斎は親密な間柄であり、大年の桂園塾では朗廬は郁蔵とも相知る仲となっていたと思われる。朗廬は江戸に出て帰郷のさいは各地を歴遊して帰るが、そのひとつに大坂の適塾をたずねた。ここには同郷の大戸郁蔵（のちの緒方郁蔵）や、兄弟以上に親しいいとこの山鳴弘斎がいた。彼らは洪庵の協力者として活躍していた。朗廬は郁蔵や弘斎だけでなく、久坂玄機《くさかげんき》や菅野狷介《すがのけんすけ》など多くの門人をかこんで杯をあげ談論風発、時勢を語ること幾夜にもおよんだという。

朗廬は郁蔵の碑文などを幾つか書き、郁蔵という存在を後世に知らしめる基礎資料を残した。

昌谷精渓《さかやせいけい》　寛政四年（一七九二）～安政五年（一八五八）、六十七歳。備中国川上郡九名《くみょう》村（現：岡山県井原市）の人で、阪谷佐平治の五男に生まれた。名は碩、字は子儼《しげん》、通称は五郎。初め福岡の亀井南冥《なんめい》に学び、江戸に出て佐藤一斎や林門に学んで、専ら歴史文章を修む。三十三歳のとき、津山藩主の侍講となり、江戸の藩邸で教鞭をとった。阪谷朗廬もここで学んだという。江戸邸で死去。墓は岡山県井原市西江原町の正雲寺と、東京都港区麻布四丁目の天現寺にある。著書に『御戎策』（嘉永六年）、『小学書合纂編』（安政四年）、「書集伝音釈」などの他に「精渓日記」二十五巻がある。

緒方郁蔵が入門した年は山鳴大年の動向から、文政十年（一八二七）頃と推定される。昌谷精渓への紹介は当然、山鳴大年によるものだろう。

坪井信道《つぼいしんどう》　寛政七年（一七九五）～嘉永元年（一八四八）、五十四歳。本名は道、字は信道、号が誠軒。坪井信之の四男として美濃国池田郡脛永《はぎなが》村（現：岐阜県揖斐郡揖斐川町脛永）に生まれた。各地で漢学・漢医学を学んだが、宇田川榛斎著『医範提綱』をみて西洋医になろうと決め、文政三年（一八二〇）再度江戸に出て榛斎の塾に入った。

同十二年深川上木場に私塾の安懐堂を、天保三年（一八三二）冬木町に日習堂を開く。自著『診候大概』をテキストに優れた医学教育を実施した。当時、伊東玄朴と蘭方医学界を二分する人気の塾であった。天保九年（一八三八）長州藩医となり、藩の兵事にも参与した。

坪井信道の門に入った備中の人は緒方洪庵・大戸郁蔵・山鳴剛三・伊藤立節などがみられる。大戸郁蔵は天保四年に入塾したと考えられるが、翌五年には退塾している。墓は東京都豊島区の染井霊園にある。また、岐阜県揖斐川町脛永に顕彰碑が昭和四十二年（一九六七）に建てられた。

緒方洪庵

文化七年（一八一〇）～文久三年（一八六三）、五十四歳（図４）。備中国上賀陽郡上足守村（現：岡山県岡山市）の足守藩士の家に生まれた。名は章、字は公裁、適々斎また華陰と号した。はじめ三平と称し、のち洪庵と改めた。父は、役目のためにしばしば江戸や大坂に出ている。文政八年（一八二五）十六歳で元服して「田上騂之助惟彰」と名乗った。元服後に父が足守藩蔵屋敷を大坂に購入する交渉に、父とともに出掛け、父がその留守居に任ぜられたため一緒に蔵屋敷に住みついた。翌九年（一八二六）に医学を学ぶことを決心して中天游に入門し、四年間学んだ。その頃、緒方三平と名乗った。

その後、江戸修行に出掛け、天保二年（一八三一）に坪井信道塾に入った。緒方郁蔵らに先立つこと二年前であった。同六年まで四年間、蘭方医学を学び、とくに大坂で果たせなかった原書を数多く読み、さらに内外の薬品のことを宇田川榛斎に教わった。

図４　緒方洪庵肖像

緒方郁蔵は坪井信道塾で洪庵と一～二年足らずだが同門生として過ごしたはずで、そこで同郷の先輩を親しく知ることとなる。郁蔵は父から早々に退塾させられたが、この機縁は大きかったに違いない。

帰郷後、長崎に遊学し、天保九年（一八三八）に帰坂して津村東之町（現：大阪市中央区瓦町三丁目、のち弘化二年過書町に移転）で開業、あわせて適塾を開いた。多数の門人が入門し、近代日本を支えた多くの俊秀を育てた。一方、『病学通論』や『扶氏経験遺訓《ふしけいけんいくん》』などを出版した。感染症対策としては、天然痘予防のためボランティアの医師を集めて大坂の除痘館を組織し、明治維新まで継続した。コレラが流行ると、『虎狼痢治準《ころうりちじゅん》』を緊急出版するなど時代の要請にあわせた医療活動を展開した。文久二年（一八六二）、奥医師兼医学所頭取として江戸に呼ばれたが、翌三年六月、突然に亡くなった。

緒方洪庵の家族は大所帯であるが、のちに郁蔵が関係するところもあるので、子どもたちを掲げる。

長女　多賀　幼没
長男　整之輔　幼没
次男　平三　洪哉、のち惟準、明治四十二年没
三男　四郎　城次郎、のち惟孝、明治三十八年没
四男　某　幼没
次女　小睦　幼没
三女　七重　大槻玄俊（大槻俊斎の子）の妻
四女　八千代　養子吉雄拙斎（緒方拙斎）の妻、明治四十四年没
五女　九重　堀内利国の妻、明治三十二年没
五男　十郎　惟直、明治十一年没
六女　十重　深瀬仲麿の妻、明治四年没
六男　収二郎　昭和十七年没
七男　重三郎　明治十九年没

次男・平三（惟準）と郁蔵は明治二年（一八六九）に大阪医学校で、わずか一年ばかりであるが初めてともに仕事をすることとなる。

大庭《おおば》雪斎《せっさい》

文化二年（一八〇五）～明治六年（一八七三）、六十八歳。江戸時代後期の蘭学者。佐賀藩士の家に生まれ、十八歳頃、佐賀藩学の開祖島本良順に蘭学を学び、文政年間シーボルトが長崎にきた頃大坂に再遊して適塾に入門し、弘化二～四年頃に今橋一丁目で開業した。嘉永四年（一八五一）佐賀藩蘭学寮の初代教導に任じられ、安政五年（一八五八）に医学寮が好生館と改称して組織を整備するさいに教導方頭取となった。

雪斎は元来漢学の素養があったうえに蘭書をよく読解し、また窮理学・数学までも理解した。緒方洪庵が『扶氏経験遺訓』の訳稿をみてもらうに最適の人だったのだろう。『訳和蘭文典』（安政三～四年、前編二冊・後編三冊）の出版は佐賀藩蘭学寮を創設する機縁になったといわれる。

箕作《みつくり》秋坪《しゅうへい》

文政八年（一八二五）～明治十九年（一八八六）、六十二歳。郁蔵と直接の交渉は少ないと思われるが、洪庵宛書状のなかではしばしば郁蔵の病気見舞いが記されている。『扶氏経験遺訓』出版に関して箕作秋坪の役割を欠かすことはできないので、その略歴を付記する。

備中呰部《おざえ》の菊池家に生まれた。弘化三年（一八四六）、箕作阮甫《げんぽ》に学び、その十二月、箕作家の養嗣子になる。嘉永二年（一八四九）適塾に入門し、翌年江戸に帰り、幕府天文台に入って翻訳の仕事に携り、一方で津山藩の侍医をも務め、安政二年（一八五五）には箕作家の家督をついだ。この頃から『扶氏経験遺訓』の出版に尽力し、関係書状七十一通が『緒方洪庵のてがみ・その二』に収録されている。

伊藤慎蔵

文政九年（一八二六）～明治十三年（一八八〇）、五十五歳。長州萩の生まれ、名は慎、字は君独・長洋、また天真と号した。通称は清一、のち慎蔵と改めた。二十四歳の嘉永二年（一八四九）、適塾に入門し、三年後には塾頭となった。

安政二年（一八五五）、越前大野藩に招かれ、洋学館の蘭学教師として勤めた。近隣諸藩はもとより遠くは四国・九州からも入門者があった。また、大野藩は蝦夷地開拓に乗り出して藩船を建造し、その航海の知識や技術を学ぶため、伊藤慎蔵は『颶風《ぐふう》新話』（航海術の本）を翻訳・出版（安政四年）した。

文久元年（一八六一）、摂州名塩（現：兵庫県西宮市名塩）に身を寄せ、蘭学塾を開いた。また『筆算提要』（数学書）や『改正磁石霊震気療説』（アメリカの電気治療器の解説書）などを発刊している。この頃の門人に郁蔵の養嗣子・妹尾道平もみられる。

明治維新を迎えて大野藩から貢士に推薦され、これを機に明治二年（一八六九）神戸洋学伝習所教授から組織替えした大阪洋学所・大阪開成所の教授を勤め、さらに東京の工学寮に出仕した。同七年まで勤めて退職し、同十三年、東京で没す。

松田正助

文化十四年（一八一七）〜明治二十七年（一八九四）、七十八歳。大坂に生まれた。天保二年（一八三一）、十八歳にして大坂北久太郎町の書籍商河内屋新次郎方に勤める。安政元年（一八五四）三十八歳のとき、別家して大坂京町堀で書肆《しょし》を営み、多くの学者や志士たちと交わりを結ぶ。文久元年（一八六一）、郁蔵が独笑軒塾則や姓名録「門生姓名」を整備したとき尽力し、入塾者受入れの世話方を担当していた。明治に入り、大阪仮病院（第二次）を暫定的に大福寺に設置するについては、郁蔵や緒方惟準らの依頼を受けて住職を説得したという。

後藤象二郎

天保九年（一八三八）〜明治三十年（一八九七）、六十歳。土佐藩士の家に生まれ、義叔父・吉田東洋に学んだ。のち幕府の開成所（蕃所調所の後身）に学び、また蘭学・航海術・英学を修得した。

慶応元年（一八六五）大監察となり、土佐勤王党盟主・武市瑞山《たけちずいざん》らを裁いた。同二年、開成館を開く。同三年、前藩主山内容堂を説いて大政奉還への道を開き、新政府の参与・参議、大阪府知事などを歴任。明治六年（一八七三）参議になったが、征韓論に敗れて同年辞任する。明治七年（一八七四）愛国党に加わり、民撰議員設立建白に参画。同十四年、板垣退助らと自由党を結成した。同二十年、条約改正問題を機に大同団結運動を起こした。同二十二年、黒田清輝内閣に参画し、逓信大臣や農商務大臣などを務めた。

細川潤次郎　天保五年（一八三四）〜大正十二年（一九二三）、九十歳。高知城下の南新町で生まれ、藩校で学んだのち、長崎で蘭学を修得した。安政五年（一八五八）に江戸に出て築地の海軍練習生となり、勝海舟門下で航海術を修めた。中浜万次郎より英学を学び、親交を結んだ。高島秋帆から西洋砲術も学び、最後の弟子といわれる。慶応二年（一八六六）開成館にかかわり、明治維新後は土佐藩を代表して新政府に入って要職を歴任し、国会開設にともない貴族院に勅撰され、また枢密顧問官に任ぜられた。『古事類苑』の編纂総裁となる。文学博士。

ボードイン　一八二二年（文政五）〜八五年（明治十八）、六十四歳。オランダの医学者で、陸軍軍医学校の教官。文久二年（一八六二）、長崎養生所の教官として招かれ、ポンペのあとを受けて日本人医師たちに新しい医学と基礎科学を教えた。その教え子のなかから戸塚文海・相良知安・高橋正純・緒方惟準らの、明治初期のすぐれた医学者が多数輩出している。また慶応三年、緒方惟準・松本銈太郎のオランダ留学を実現させた。

大阪では、明治二年から始まった大阪仮病院と大阪医学校病院での講義や診察を行い、緒方郁蔵訳するところのボードイン講義録『官版日講記聞』は明治二年十二月から毎月一冊、合計十一冊刊行された。また、大阪城内に設けられた軍事病院での講義も短期ながら行った。

エルメレンス　一八四一年（天保十二）～八〇年（明治十三）、四十歳。オランダの医師。明治三年（一八七〇）ボードインの後任として来日して大阪医学校教師となる。この就任にさいしての記念講演は格調高く、ヨーロッパの優れた成果を歴史的に振り返りながら如何に教えるかを語った。『開校説』（第5章(9)／一三七頁）はその記録であり、わずか七丁（一四頁）の和本であるが、その講演内容を十分にくみとった緒方郁蔵最後の記念碑的名翻訳書となった。

明治五年の学制改革で大阪医学校が廃止となり、大阪軍事病院で講義をしたあと、翌六年、府立大阪病院の教師として招かれ、診療と教育に当たる。その講義の多くは『日講記聞』や『原病学通論』などの講義録のかたちで七十余冊が残されている。明治十年、マンスフェルトと交代して帰国した。生徒や患者からも慕われたが、帰国三年後、旅行中に心臓病で没した。その死を知った大阪市民は明治十四年（一八八一）、エルメレンス記念碑を中之島に建立した。昭和十二年（一八三七）に大阪大学医学部前庭に移したが、大学の移転にともなって現在は吹田キャンパス前庭に再移転された。

第5章　資　料

(1)「研堂緒方郁蔵先生伝」

翻刻に当たって

「研堂緒方郁蔵先生伝」（以下、「郁蔵略伝」と略称）は、これまで緒方郁蔵について述べるさいに部分的に引用されてきた。例えば、緒方竹虎伝記刊行会編『緒方竹虎』や、適塾記念会編・刊『適塾門下生調査資料　第一集』の緒方郁蔵の項などに引用されている。しかし、原本の所在が確認できずにそのままになっていた。その後、東京の故緒方一太郎氏（緒方竹虎氏の長男）が所蔵されていることがわかり、閲覧と翻刻の許可をいただいた。

本資料は緒方郁蔵の門人・松本端によって執筆されたものである。端は、大坂の除痘館に最初から最後までかかわり続けて功績のあった松本俊平の嗣子である。端は独笑軒塾姓名録「門生姓名」には記されていないが、墓碑銘には「既長従緒方郁蔵氏」とあるように、門人であったと思われ、医学研究に打ち込む緒方郁蔵の側近として郁蔵にふれることができたのである。端は「郁蔵略伝」以外にも「大阪市種痘歴史」を執筆して明治期の医学雑誌『刀圭新報』に発表し、大坂の除痘館の活動を後世に伝えた。あるいは母方の系譜を「原家系略譜」（外祖父に原老柳がいる）にまとめ、稿本として今に残されている。また、明治期に近隣の愛珠幼稚園の園医をボランティアとして勤めたという。

緒方郁蔵は亡くなる寸前に妹尾《せのお》道平を養子に迎えた。政治家・緒方竹虎は道平の三男であったが、この「郁蔵略伝」は竹虎の姉・具島《ぐしま》静重が病床で写しとったものが現在保存されており、原本は行方不明である。この伝記は現存する最も詳細な郁蔵関係の資料となっている。

翻刻に当たっては、先に日本医史学会関西支部の雑誌『医譚』復刊七十八号（二〇〇二年）に発表した「史料 研堂緒方郁蔵先生[伝]」を基本としながらも、明らかな間違いには注を加え、旧漢字は常用漢字に替えた（本文と傍注の[ ]内と平仮名の振り仮名は著者による。また( )内は原文二行割書)。

先生、名は郁、字は子文、研堂は其の号、又独笑軒主人と称せり、備中後月《しつき》郡簗瀬
村の人大戸万吉の男なり、文化十一年を以て生る、幼にして穎悟《えいご》、人皆之を奇とす。　穎悟：悟りの早いこと
同村医師山鳴大年（阪谷《さかたにろうろ》朗盧[盧]の舅氏）以て教ふへしと為し漢籍を教ふ。弱冠にして
江戸に出て昌谷精鶏《さかやせいけい》[渓]（津山藩儒臣、五郎と称す、阪谷朗盧[盧]の伯父）の門に入り益々　阪谷朗盧＝漢学者
漢籍を講究し、又更に坪井誠軒に就て蘭書を読み医道を学ぶ。幾何ならずして厳父　坪井誠軒：坪井信道のこと
の命に従ひ帰郷して阪谷朗盧[盧]の[従]兄・[山鳴]弘斎と共に日夕講習惰《おこた》らざれども、
常に字書なきを患となせり。当時蘭書乏しければ、縦令《たとえ》富者たりとも之を得ること
容易ならず、況《いわん》や家素より富まされば之を購《あがな》ふに由なし。偶々岡山の某医「ヅー　ヅーフ：ヅーフ・ハルマ字書
フ」と云へる和蘭字書を所有せるを聞き、往き請《こい》て多数の月日を経るの後、遂に之
を写了せり。該《この》書を日本紙に筆写すれば頗《すこぶ》る大部なるも、勤勉倦《う》まず、日々握飯梅

干の行厨《こうちゅう》を携へ、遂に其の初志を遂げたるには何人も皆感嘆せざるはなかりき。而して其の間曽て宮内と云へる遊廓辺に宿泊し市街の殷賑《いんしん》に驚き、今宵は如何にして如斯雑沓するやとの疑問を発し、婢女《ひじょ》は却て之を怪み、今夜は大晦日なればなりとの答を聞き、先生始めて除夜なるを知れりと。其勉学に当ては万事を抛擲《ほうてき》し塵外《じんがい》に超然たりし事、大概此の如しと、是れ山鳴夫人の談なりしと聞く。

天保九年同門の先輩・緒方洪菴、業を大坂に開くを聞き、欣然阪谷〔山鳴〕弘斎と相携へて其の門に入り、益々力を蘭学に肆《ほしいまま》にし、勤苦勉磨業大に進む。当時洪菴の名一世を動したるも、亦其塾中に郁蔵あるを知らざるものなし。是に於いて洪菴兄弟の約を結び、以て教鞭を委《まか》し又診療を輔《たす》けしむ、先生因て緒方氏を冒す。然れども其の身貧に甘じ用を節し、敝衣耗履《へいいもうり》、人或は誹譏《ひき》するも毫も愧色《きしょく》なし。洪菴室八重子大に之を憂ひ、歳末に際し新年盛服として黒羽二重の紋服及び羽織等一着を新製して恵与せられたり、先生大に之を喜び元旦より以来昼夜之を着して更衣せず、或は直に横臥するに至る、其無頓着なるには大に困却せりと八重子夫人より直接に聞きし所なり。

往昔《おうせき》は代診生・薬局生と雖も師の教を受くるを主意とするが故に、今日の如く月給・手当等を受くるものに非ず、多少患家の謝金を受くることあるも頗《すこぶ》る僅少のものなれば夜間写字・按摩等の賃金を得て使用に供せり。先生亦勤勉の余数年の間を以て「ヅーフ」を写了すること三部に及び、之を売却して約三百金を得たり、先生

行厨：べんとう
遊廓宮内：岡山市北区吉備津宮内、吉備津神社門前町
殷賑：大いに賑っているさま
抛擲：なげうつ
塵外：俗世間から離れた所
肆：きわめる
敝衣耗履：やぶれ着物やはきもの
誹譏：そしる
愧色：はじる顔色
往昔：過ぎ去った昔

一夜新町遊廓に入り豪遊流連《りゅうれん》之を抛擲《ほうてき》して一銭を剰《あま》さず、啞然、独笑案《つくえ》に対する事復《ま》た常の如し、曩日《どうじつ》誹譏《ひき》する者其の奇に驚き復た敢て言はざりしと聞く。爾後《じご》声価大に揚り土藩俸禄二十口を給し以て翻訳を嘱託するに至る、素寒貧《すっかんぴん》の一書生忽然《こつぜん》大藩の俸禄を食し重大の嘱托を受く、人皆之を喧伝《けんでん》して異数《いすう》と称す。

因に云ふ、先生の俸禄二十口は玄米一斗なり。阪谷朗盧〔廬〕撰文墓碣銘に歳贈俸二十口と記しあれども、是れ誤謬にして一日の俸米と思はる、如何となれば先生の家には土蔵二個所あり、其の一には米苞《べいほう》を堆積し、時々米商に譲与せらるゝを見たり、元来先生田畑の所有なければ俸米の他に米苞の堆積したる所以《ゆえん》なければなり。当時白米一升の価は大抵弐十四文位にして、金壱両は六貫四百文なり、然《しか》れば白米一斗の価は二百四十文にして、一ヶ月に付白米三石、此の価七貫二百文、正金に換算すれば金一両と弐朱なり、一個年の禄高三十六石にして此の価僅に金拾参両弐歩のみ、況《いわん》や玄米の価猶《な》ほ低廉なるに於てをや、其の二十口の俸禄は一日の俸給たること知るべきなり。又云ふ、往昔封建時代には、諸藩其の大小を論ぜず、皆各々其多士済々《たしせいせい》を誇りとなし、苟《いやしく》も一芸一能に達するの士あらば争ふて禄を給し、以て他日の用に供せんことを欲す、殊に蘭学東漸《とうぜん》するの時に当て各藩皆厚遇を以て其の学士を待つ故に、或は学資を未熟生に給し其の大成を俟《ま》つに至れり。曽て蘭学医小関三英《こせきさんえい》の姪小関高彦専ら兵学を講究して蘭学医杉田成卿の塾に在り、安政五年九月朔、大槻磐渓宛の成卿書中

新町遊廓：大阪市西区新町
流連：遊び続ける
曩日：先日
誹譏：そしる
忽然：にわかに
異数：特別のもてなし
米苞：こめだわら
所以：わけ
然れば：それゆえ
多士済々：すぐれた人が多くいるさま
苟も：かりそめにも
東漸：東方へ進む
小関三英：蘭学者
小関高彦：三英兄・仁一郎の次男で三英養嗣子
杉田成卿：杉田玄白の孫
大槻磐渓：大槻玄沢第二子

に土藩望《のぞみ》を小関高彦に属すとの一句以て之を証すべし。其の先生に一日二十口の捨扶持を給するが如きは当然の事のみ、現代の書生往々之を異《あやし》むもの、為に之を弁《べん》ず（捨扶持は勤務なき俸禄の称なり）。

是に於て別に一家を立て業を開く、是れ弘化元年頃なりと聞くも判明せず、然れども嘉永二年九月大坂種痘館創立に当りて、先生も亦た社中の一人として種痘施行に尽力したるを見れば、此の時既に開業後の事たるを知るべし。最初の住所は瓦町二丁目浪花橋筋東へ入る南側（現今高安道太郎氏の東隣）にして後適々斎（洪菴の斎名）に近き嫌ひを避け、北久太郎町三休橋[筋]通西へ入る南側に転住したり、是れ安政三年と推知せらる。即ち、大坂の医師原老柳（端外祖父、安政元年歿す）の姪女ゑい子を迎へて其室としたるは其年にして該《この》家なればなり。此の時端先考《せんこう》俊平仮親となり、田辺収平媒酌たりしと聞く（棣華曰く、予原老柳・松本俊平の尺牘《せきとく》を蔵す、老柳は山陽・松陰と風交《ふうこう》あり、俊平未だ何人たるを知らず今甫《はじ》めて悟了《ごりょう》す）。

是れより先き安政元年露艦始めて天保山に来泊せしとき、先生は突然大坂町奉行の命を受けて義兄緒方洪菴と共に通訳の任に当り、天保山に出張す。其時露艦より呈出したる文書を読みて先生は義兄より勝《まさ》り居たりと、是れ大坂大年寄役安井久兵衛の談なりといふ。該《この》文書は恐くは蘭語を以て書したるものならん、露語なれば対訳辞書を用ひられたるか、未だ其 詳《つまびらか》を得ず、記し以て他日の参照となす。

爾来《じらい》業大に行はれ生徒亦た多し、其の学則の第一条に蘭学を為すと雖も其の言行を

弁ず：述べておく

大坂種痘館：大坂の除痘館

先考：亡父
尺牘：書状
風交：手紙をやりとりする
甫めて：始めて
悟了：さとりをひらく

大坂大年寄：大坂三郷惣年寄

慎み必ず国体を汚す可からずとの一章あり、先生平生勤倹力行を主とし絢服《けんぷく》華飾を須《もち》ひず。其の輿《こし》は坂俗垂輿《はんぞくすいよ》と称する小輿にして輿丁《よちょう》唯二人のみ、坂俗之をサシッポと称して卑《いやし》むの風あり、輿丁其の患家の多数にして其の担に堪へざるを訴へ、二人を増加して坂俗四枚肩と称するものとせんと請ふ、先生独笑して許さず。毎朝早起し講義を生徒に授くるの後、外来患者を診察し直に出て往診に就き、午後二時或は三四時に至つて帰る、輿丁餓《うえ》に堪へず必す行厨《こうちゅう》を携帯す、先生帰来喫飯後案《つくえ》に対し、晩酌一酔復《ま》た案に対し、深更《しんこう》に至れりと云ふ。

文久二年義兄洪菴徳川将軍に徴されて東行するに及び、先生の態度稍々前日に異り、始めて坂俗長棒と称する大輿に乗り、所謂四枚肩となれり、是に於て前日卑屈の態度は義兄に対し敬意を表されたるを知るべきなり。

文久三年正月二十三日午後土佐容堂老公[侯]大坂西長堀藩邸に於て池田[内]陶所・呉北渚《ごほくしょ》（篠崎小竹四天王の一人、名は策、字元駁、通称肥[前]後屋又兵衛）を召して宴を賜ふ、先生之に陪《ばい》し席上揮毫あり、清興《せいこう》尽きず、漸く翌暁鶏鳴《けいめい》に至て相共に拝辞し帰れり。此時池内氏遭難の事あり、先生・呉氏途上相別れて事無きを得たるは幸福といふべし。

因に云ふ、是れより先き土藩其犯罪者剣客岡田伊蔵[以]及び其従二三名を大坂に追放す（土藩法規中大坂に追放するの条規ありしといふ）、攘夷家武市半平太窃《ひそか》に之れと気脈《きみゃく》を通ず、今夜の事蓋《けだ》し其指揮に出づと。後伊蔵[以]等窃に帰国し、半

絢服：まばゆい服
須ひず：使用しない
輿丁：かごかき
卑む：みさげる

行厨：前出（一〇〇頁）

池内陶所（大学）：浪人儒者

清興：上品で風流な楽しみ
鶏鳴：夜明け

岡田以蔵：土佐勤王党員
武市半平太：瑞山、土佐勤王党首
窃に：内密に
気脈を通ず：連絡をとりあう
蓋し：思うに

平太と共に兵を土佐安芸郡野根山に挙ぐるも敗亡して縛に就き、二十余人鴈切《がんきり》川《かわ》に於て斬罪梟首《きょうしゅ》に処せられたと聞く。

文久三年三月頃一夜大火あり、西新町橋東畔より起り、東成郡二軒茶屋に達す、其累将《まさ》に独笑軒に及ばんとするや、家々狼狽喧噪《ろうばいけんそう》争て先づ貴品簿冊を携帯するの時に当て、先生独り常に愛飼する所の籠鶯のみを携へ去れり。宛《あたか》も好し此時風力の方向俄然変せるに由り幸に其災を免れたり、後ち人其風流を称す、先生微笑し、彼一小禽其生を愛するや夫れ猶ほ人の如き乎、我何ぞ彼を殺すに忍びんやと、先生の徳禽《きん》禽《じゅう》に及ぶと云ふべきなり。

慶応二年夏、徳川慶喜将軍在京の時、其一橋侯旧領地なる備中後月郡江原村興譲《こうじょう》館《かん》主阪谷朗盧[廬]を徴す。朗盧[廬]帰途其旧門人大坂後藤健蔵（本姓藤島、名は敏、字は子納、長府の人、後藤松陰の養子となり、堅蔵と改む、松陰亭に大梧桐大杏樹《だいごどうだいあんじゅ》あり、由て桐平又双梧と号し、又別に杏雨楼主人と称す、亭は内北浜五丁目御霊筋西南角に在りしか、現今日本ホテルの敷地となる）の家に宿す。先生来り訪《とぶらい》て小酌し相共に明日を以て網船川遊の約を結ぶ、翌日期至るも先生来らず、急使を馳せて之を促せば、先生読書に耽りて昨日の約を忘却し居たりと、書に対しては何事も忘却せられたる事此如し。

同年土藩開成館を建て医学・洋学・砲術・通商・算数・捕鯨等の各局を設け、大に諸科学術を藩士に教授するに当て、先生を召して医局の教頭と為す。九月頃先生

雁切川：現高知市鏡川であるが、ここで斬罪梟首されたのは吉田東洋（松本端の思い違い）
梟首：さらし首
狼狽：うろたえ騒ぐ
喧噪：騒がしい
宛も：ちょうど

禽獣：鳥やけものの総称

後藤松陰：儒学者
大梧桐：大あおぎり
大杏樹：大杏の樹

土佐開成館：慶応二年二月創立

は長男太郎（十歳）・書生安藤達平・別府謙太郎、僕弥助を拉《らつ》して職に高知に就く、慶応三年八月、別府生・弥助故ありて帰る、九月七日、端往て之に代る。当時先生毎日登校し、生理学・病理学等を講じ、退公《たいこう》の余暇翻訳に従事し、毎夜深更に及ぶ、又日々診治《しんち》を請ふ者あるが故に一六の休暇日午前を以て診察日と定む、其患者は二十名内外なれども大抵内科の痼疾《こしつ》のみなり。就中《なかんずく》四十歳前後の男子胸痛を患ひ、諸医の診療を受くるも久しく治せず、先生之を気胸と診定し、採膿針を以て試みに之を穿刺《せんし》せしに患者暫時にして欣《きん》喜《き》雀躍《じやくやく》快を叫び、帰りたるを記憶す。手術は甚だ稀にして廿二三歳の婦人上唇《うわくちびる》脂肪瘤の切除成型術のみを見たり、此患者は離れ座敷を病室として十日間許り静養後全癒して去れるの他、別に記すべきものなかりき。

因に云ふ、開成館総督は藩士細川潤次郎（藩儒延平の男、現今枢密院顧問官）にして、洋学局頭取を兼ね、後ち砲術教頭となり、医局教頭は先生にして、藩医山川良益頭取となり、町[田]権造・横山敬策・島崎溶菴之に副《そえ》たり。仏学教頭は長崎人松山寛蔵、後ち改名志築龍三郎にして、英学教頭は長崎人長野右門・沢井熊次郎、助教は大石正巳（現今政党党首）にして、今村和郎（仏学）・馬場辰猪（英学）は高弟たり。

先生の嗜好《しこう》は読書と飲酒とのみ、然れども昼餐《ちゆうさん》には杯を傾けざる事多し、晩酌には毎夜一瓶或は二瓶なるも、来客あれば深更に及ぶ。酒は灘魚崎の剣菱《けんびし》、四斗樽一挺宛大坂より送附せるものを用ひ、肴日々鱠《なます》を好まれたるも、熟嚼《じゆくしやく》後多くは之を吐

別府謙太郎：門人の別府精研か
退公：公務を退く
診治：病いをみてなおす
痼疾：持病
就中：ことに
欣喜雀躍：大喜びでこおどりする
細川潤次郎：蘭学を修む、のち政治家
町[田]権造：文久二年除痘館から分苗
横山敬作：洋学を学ぶ、医師
大石正巳：政治家、大臣、民権家
今村和郎：司法官、勅撰議員
馬場辰猪：自由民論者
嗜好：好み
昼餐：ひるめし
剣菱：江戸時代の銘酒、頼山陽も好み、原老柳が毎度送った

出す、食時には座右に一小壺を置き、柔軟消化し易きもの、他は熟嚼後之を吐出せらる、を常とす。親善の人は細川潤次郎・嶋崎溶菴二人のみ、細川氏屢々来り談ず。来れば必ず対酌し、対酌必鶏鳴《けいめい》に至る、其談論を傍聴して益を受くるもの頗《すこぶ》る多かりしならんも、先生の酔語甚だ低く、兼ぬるに蘭語を交へ、未熟の書生解すること能《あた》はず、空しく眠を催し正座に堪へざりしこと、今猶遺憾とする所なり。

明治元年二月二十三日、先生は太守《たいしゅ》山内侯の朝勤［覲］随従《ちょうきんずいじゅう》を命ぜられ、即日乗船し、端独り附随す。船は藩有にしてシュリンセンと称する蒸気船なるも征奥の将卒《しょうそつ》充満せるに由り、先生は島崎溶菴及端と共に僅《わずか》に借り得たる一枚の蒲団を敷き、三人毛布を被りて臥せり、其の日太守乗船せざるが故に翌廿四日解纜《かいらん》し翌二十五日朝神戸港仏国軍艦の傍に投錨《とうびょう》す、是れより先き数年［日］前、泉州堺浦に於て土藩士の仏人を斬殺せしことあり、葛藤結《かっとうゆい》て久しきも近日解決せしを以て、今日太守数人の重臣を従へ、仏学教頭松山寛蔵を通訳とし、小艇を浮べて仏艦に赴き謝する所あり、先生他の諸臣と共に之を船階に送り、屹立《きつりつ》し以て太守の帰還を待てり。其の間藩臣危険を慮《おもんばか》り不安の念を抱くもの、如し、今日を以て之を視れば微笑にも値せざることなれども、当時の情勢自ら然らざるを得ざるなり、先生独笑之を排せり、果して何事もなかりき。今日船大阪港に入り、先生特に請ふて大坂自宅に滞留することを允《ゆる》さる。同年三月十五日先生復た太守の帰国に従て高知に赴けり。御船往路の大艦に反してスパンキーなる藩有小汽船なれば従随者の陪乗を許さず、端亦た他の従者と共に多

鶏鳴：夜明け
太守：領主
朝覲随従：諸侯や君主に拝謁するにつき従う
将卒：将校と兵卒
解纜：ふなで
投錨：停泊
葛藤：もつれ
屹立：山が高くそび立つ
慮り：よくよく考える
允さる：許される

数の無蓋小帆船に分乗して先発す。今夕は尚ほ陰暦十五夜にして月明に風清く帆孕《はら》み舟走り、一睡甲浦港《かんのうらこう》（甲浦港は約三百戸計りの寒村にして土佐・阿波の国境に跨り一川之を両断す、当時土佐便利の為に他の一半を阿波より借り全部一見土佐領の如し）に着すれば正に是れ旭日海を出るの時なり。御船未だ入港せざるを以て一日滞在し、翌十七日午后御船港前を過ぎ直に浦門に向へり、故に端等即時発程《はってい》し野根村に至る。庄屋及び村役人三四名各礼服着用以て村外数町の前に出迎へ、先生の来らざるを聞き大に失望の声を発して、端を導き庄屋の家に宿せしむ、今夜患者四五名来り診を乞ふ。又重症患者の往診を乞ふ者あり、端弱冠の未熟書生曾て患者を診察するの技なきを以て固辞す、両者及宿主も亦た強請して止まず、終に之に応じ処方箋を附す。其の夜佳肴山積樽酒亦た至り或は封金《ふうきん》を添ふ、端固辞するも許さず、翌日野根山の険を踏み三日程にして高知に着す。端此行の旅装や総髪の大髷《おおまげ》にして小倉袴を穿《うが》ち腰には双刀《そうとう》を佩《お》び、肩には羽織と寝衣等の二包を前後に打ち掛け、山中人家なければ用意の草鞋《わらじ》三足、晴雨傘及弁当を提げ、宛然《えんぜん》浪人の如く又敗卒に似たり。然るに到る処緒方様の御門人とて出迎を受け、又毎夜診察を乞ふ者あるも、山川跋渉《ばっしょう》の為めに疲労に堪へずと称して断然之を謝絶せり、是れ実は野根村の患者は幸に慢性諸病と虚脱瀕死の症のみなるも、今後如何なる重患あるも計り難きを恐れてなり、又、途上往々村医の出迎を受け先生の来らざるに失望せざるはなかりき。後ち藩政革新と為り同年閏四月十七日先生をして阪地に家居《かきょ》し翻訳に従事せしめ、

甲浦港：現高知県安芸郡東洋町
発程：出発
封金：封をした金子
双刀：二本の刀
草鞋：わらで作ったはきもの
宛然：あたかも
跋渉：歩きめぐる
家居：家にこもっていること

給禄故《もと》の如し、其土州に於て尊重せられしや此如し。

因に云ふ、野根山は頗る峻険にして五里上り五里下り始て村落に達す、其の中間、即ち頂嶺《ちようれい》に関門あり、番兵行人《コウジン》を誰何《すいか》す、其の付近の人家六七を除けば十里の間唯々鬱葱《うつそう》たる数拱《すうきよう》の老杉・大檜、崎嶇《きく》たる隘路《あいろ》を挟みて森立せるを見るのみ、真に是一夫途《みち》に当れば万夫も進む能はざるの天険なり。此日微雨時々来り身既に雲烟《うんえん》中に在りて咫尺《しせき》の間空濠樹石《くうごうじゆせき》を弁《べん》ぜず、稍々霽《は》るゝに至り、忽ち電光雷鳴の谷底暗雲中より起るを知り、却て雲上より倒《さかし》まに下界の風雲閃電を見る。亦一大奇観なり。数年前攘夷家武市半平太同志を率ひて茲に拠れるも、食料継《つづ》かず敗北に終りしを以て、此山の峻、且ツ険なるを証するに足れり、当時叛兵各々背に米一俵を負ふて登山せりと云ふ。

同年六月十五日、特に播州明石藩老侯の聘《へい》に応じて往診せらる、是れより先き二三回其の聘に応ぜられし事ありしと聞くも、端今日始て随従す。藩有の和船は先生の輿《こし》及び輿丁《よちよう》を合せ上下八名を載せて兵庫港に着し藩用達旅館に宿し、翌十六日陸行明石に到る。接待員二三名市外に出迎へ一行を旅館見習亭に導く、先生少憩《しようけい》直に御館に上り診察す、十七日朝上館診察し、午後帰程に就く、其の接待復た往路の如し。其の一泊の夕杯盤《はいばん》の陳列山海の珍羞《ちんしゆう》恰も華燭《かしよく》の盛典の如し、而して先生に謝するに金壱百両（弐歩金弐百枚）、生魚一舟を以てし、其の他賜与各々差あり、是れ従来例とする所なりと云ふ。当時の志《[ママ]》百金は頗る大金にして容易に得べからざるものな

頂嶺：峠の意か
誰何：一人一人呼び止め調べる
鬱葱：草木の茂るさま
数拱：いくかかえもある
崎嶇：山道の険しい様
隘路：せまい道
雲烟：雲とかすみ
咫尺：わずかの距離
弁ぜず：区別できず
霽るゝ：晴れる

聘：お召し

輿丁：前出（一〇三頁）

少憩：わずかの休息

杯盤：さかずきと皿
珍羞：めずらしい料理
華燭の盛典：結婚式

り、爾後《じご》度々招聘に応ぜられたりと雖も、端去て居らざれば其の詳を得ず。

因に云ふ、見習亭は明石海岸の大酒楼なり、素波《そは》欄《てすり》を拍《うち》て松濤《しょうとう》を生じ、翠螺《すいら》簾《すだれ》に入りて淡山《たんざん》を描く、青烟《せいえん》の直立は淡州の村落を標し、白鷗の飛翔は蒼海《そうかい》の帆影を欺く、無風流の先生も明媚《めいび》の風光に対して一酔陶然国詩を賦《ふ》せらる、其の快想ふべきなり、現今該《この》楼は富人の別墅《べっしょ》となれりと聞く。

明治二年二月、官上本町四丁目大福寺を以て大阪仮病院となし、長崎よりボードインを聘《へい》して教師となし、院長緒方玄蕃《げんば》〔少《しょう》〕允《いん》、副院長篠原周菴、医員緒方拙斎・小野篠菴・大井卜新・中欽哉・小野元民・有沢基次等診療に従事す。越へて明治三年文部省は大に医学を興振し、治術を研磨せんことを期して、東区鈴木町代官屋敷跡（現今三十七連隊兵営敷地）に医学〔校〕及び附属病院を建築し、大阪仮病院を茲に移す。校長岩佐純・林洞海・石井信義相継ぐ、院長高橋正純、通訳官三瀬周三・鈴〔木〕宗泰、教官兼翻訳官村治重厚・熊谷直温・安藤正胤・副島之純・横井信之・松村規明・中泉正、医員平井澄・山本信卿・相良元貞・森鼻宗次・島周達・菊池篤忠・高安道純・四田修菴・梅谷謙堂等あり。此時に当て先生亦徴されて少博士に任じ正七位に叙せられ、専ら翻訳に従事して教授及び治療を兼務し、格勤沈実《かくきんちんじつ》人皆尊崇し、教師ボードイン亦た温厚の君子と称せりと云ふ。

其の住所北久太郎町三丁目の宅は医学校に遠くして勤務に便ならざれは泉町二丁目御祓《おはらい》筋西南角の地に新築して該《この》家屋に移転す。当時先生既に老境に入り、子女皆尚

素波：白波
松濤：松風の音を濤（大波）にたとえていう
翠螺：青いにな（貝）
淡山：淡路島の山
青烟：青いけむり
蒼海：あおいうなばら
国詩：和歌
別墅：別荘
緒方玄蕃〔少〕允：緒方惟準
中欽哉：中耕介の養子
石井信義：石井宗謙の長男
三瀬周三：三瀬諸淵《みせもろぶち》
森鼻宗次：森鼻縫之助、郁蔵門人
高安道純：適塾門人の高安丹山
格勤沈実：謹厳実直

ほ幼なり、是に於て明治四年二月備中下道郡《しもみち》［箭田］妹尾村妹尾《せのお》康信（郷士）三男道平を養ふて後図《こうと》を為す、爾後《じご》喉頭《いんとう》悪性腫瘍《しゅよう》を患ひ、久しく治せず、同年七月九日溘焉《こうえん》として逝《ゆ》く、享年五十八歳、大阪北区東天満寺町曹洞宗龍海禅寺義兄洪菴墓石の側に葬る。其著日新医事鈔・散花錦囊・開校説・難病全書・外科必読・薬性新論・脈候秘訣・生殖機能論・外科手術全書・要薬配合則・医俗須知《すち》等あり、殊に扶氏経験遺訓は義兄洪菴と共訳に属すと雖も、其の先生の手に成れるもの大部を含むと云ふ、医書の他に兵書の如き翻訳書多しと聞くも世に知られざるは深く惜しむべきならずや。

夫人エイ子（戸籍上ラム子）辰馬氏は摂州西宮辰馬何右衛門男庄三郎の二女なり、辰馬氏は我孫姓にして世々住吉郡依羅《よさみ》神社神官たり、其子族西宮に住し、漁猟中一神像を網《あみ》し得て之を祀る，是れ現今西宮神社と称する恵比寿最古の神体なり。後ち酒造家となりしも家運衰頽家族病歿し、母トラ媼《おうな》と共に先生に迎へらる、老媼明治十六年九月一日東京に於て歿す、享年八十七、本郷区浅嘉町高林寺緒方洪菴墓碑の付近に葬る。夫人三男一女を生む、性温淳寡言《かげん》、子女撫育《ぶいく》の巧空しからず、皆各々其の業を得たり、明治三十二年五月十六日病歿す、享年六十六歳、大阪龍海寺研堂先生の墓側に葬る。

義子道平氏資性温厚篤実、大に先生に類する所あり、慶応二年摂州名塩村蘭学医伊藤慎蔵に学び、明治四年二月来りて先生に養はる、先生歿後弟妹の教育に勤め、皆各々盛名を掲げ、其の業に安んずるを得せしめたり。明治八年［六］二月東京に移住して

後図：後のはかりごと
溘焉：にわかに
須知：備忘録
我孫：我孫子（カ）
媼：老婆
寡言：口数が少ない
撫育：いつくしみ育てる

内務省に奉職し、墺国《おうこく》大博覧会日本館事務官として渡欧し、山林学を修めて帰朝し累進、福岡県書記官となり、後退隠して福岡農工銀行頭取に推され、今猶ほ現職に在り、子女多く修学中に属す。

因に云ふ、伊藤慎蔵は長府の人、緒方洪菴に就て蘭学を学び医術を修め業成りて、越前大野藩の聘《へい》に応じて俸禄を受く。元治元年征長の役、幕府厳命を下して大に長藩士を逐《お》ふに当り、洪菴の外戚《がいせき》名塩村億川翁介に寄り潜匿《せんとく》して医業を開き、独学して英書を読みたり、又算数に長ず。明治二年神戸洋学校教頭箕作貞一郎（後ち麟祥）去て教員に乏しきに当り、神戸裁判所判事（今日の県庁知事）伊藤俊介（博文）の招聘に応じて神戸洋学校の教鞭を執り、後ち鉄道局権助となり、病歿す。室小松氏は摂州川辺郡昆陽村医士小松来青の長女なり、来青亦た洪菴の門人にして二氏共に研堂先生と親しかりし。

長男太郎氏は明治十六年、東京帝国大学医学士となり、秋田県立医学校一等教諭兼病院医局長、新潟県公立病院長、富山県公立病院長、第三高等中学校教諭を経て明治二十二年秋、大阪緒方病院副院長となり、明治二十六年辞職独立して業を大阪東区瓦町一丁目に開き、大《おおい》に世人の信頼を得て業益々行はる。明治三十三年、将《まさ》に病院創立の挙あらんとするに際し、同年十月三十一日、患家白井呉服店に於て将に座を起《た》んとするや忽然脳溢血を起し人事不省となれり、性篤実温厚《とくじつおんこう》、能《よ》く先生の気質を承《う》けたり、惜矣哉《おしいかな》平生過度の飲酒素因となり、天年《てんねん》を籍《ゆる》さずして遂に起たず、享

墺国：オーストリア

逐う：追いかける
外戚：母方の親戚
億川翁介：億川信哉、洪庵夫人八重の弟
潜匿：ひそみかくれる

小松来青：大坂の除痘館より分苗を受ける

篤実温厚：親切・誠実で情が厚い
天年：天命・寿命

年四十四歳、天満龍海寺先塋《せんえい》の側に葬る。室菊子夫人は宮中顧問官久我通久侯の女にして東久世通禧伯の養女なり、明治十七年五月女子章代子を生む、明治三十七年東京に移住し、相馬の人医士伊藤安治郎氏を養子として之れに配し三男児を生む、皆幼なり（安治郎氏は福島県相馬郡小高町南小高家町[ママ]伊藤元甫の男なり）。

長女久恵子[重]夫人は道平氏の配なり、安政六年生れ、明治八年結婚し、貞順能く家政を守れり。

次男三郎氏文久二年九月十日生る、明治十八年工科大学卒業の応用化学工学士にして、初め茨城第三中学教員に任じ、尋《つい》で大阪造幣局技師に任ぜられ現今日本銀行技師と[な]り、東京に住す。室光江子（戸籍上リツ）夫人は（諏訪頼蔵の裔《えい》吉之助長女）子女多し。

三男四郎氏慶応二年八月十五日生る、道平・太郎二兄の撫育《ぶいく》を受け且ツ諸医家の門戸を叩き、明治三十七年大阪慈恵病院医長となり、明治四十一年堀内耳鼻咽喉病院次長となり、現今猶ほ孜々《しし》診療に従事す。室貞子夫人は大阪府下三島郡茨木村医師井阪斉氏の長女なり、一男一女を生む、皆幼なり。

因に云ふ、曽て井阪斉氏義父たりし亡潮田耕平は初め原老柳の門に入り、後ち、緒方洪菴の塾に学べり。

叙

端、少年の時研堂先生の教訓を受くるや大《だい》矣、而して其の師恩を追想するや久矣《ひさし》、

先塋：先祖の墓

裔：子孫

撫育：前出（一一〇頁）

孜々：おこたらずにつとめるさま

潮田耕平：大阪の除痘館からの分苗所

然れども当時未熟の書生能く先生の胸襟を窺ふ事を得ず、故に空しく叙上《じょじょう》の如く真に其の皮相《ひそう》を記憶に存するのみ、而して現今先生の事歴《じれき》を知れるもの多からず、近来屢々之を問ひ来るものあり、端答弁に便なるが為に無辞鄙文《むじひぶん》を顧みず、従来目睹《もくと》耳聞《じぶん》する所のものを輯録《しゅうろく》して、之を座右に置く。看者猶ほ併せて先生の墓碣《ぼけつ》の銘及近世名医伝を読まば其の証憑《しょうひょう》を得るものあらん。

大正三年十月　　門人　大阪　松本端謹識

大正七年　　孫　病床ニ而写　具島《ぐしま》静重

叙上：前に述べたところ
皮相：うわべ
事歴：物事の故事来歴
目睹耳聞：目で見、耳で聞く
輯録：資料を集めて記録する
墓碣：墓碑
証憑：証拠
近世名医伝：松尾耕三著、明治十九年刊
具島静重：緒方郁蔵の孫で、養嗣子道平の長女

(2)　研堂緒方先生碑

先生、備中簗瀬村人也、備中往往出傑士、而近世以医術聞于世者二人、一為緒方洪菴翁、其一則先生也、先生名惟嵩、字子文、称郁蔵、本姓大神、後冒緒方氏、考万介君、妣大戸氏、其幼時、素外舅山鳴大年、奇其才教之、弱冠遊于江戸、学漢籍于精谿［渓］昌谷先生、更入信道坪井先生之塾、読蘭書、講医方、既而奉父命帰郷、与素表兄弘斎、日夕講習焉、合同門先輩洪菴翁、大開業于大坂、二人欣然往就之、弘斎多病、専管塾務、而先生肆力於洋籍、勤苦刮磨、業駸駸日進、洪翁名震一世、而人莫不知其塾郁蔵者、翁結為兄弟、委以教導、且輔医治、生徒雲集、有名之士、多出其門、後別為一家、術業大行、声価日高、有南北緒方之称、土佐藩開洋学、託先生教藩士、歳贈俸二十口、戊辰之初、朝廷建病院于大坂、以先生為少博士、叙正七位、管翻訳事務、日与阿蘭名医、応接討論、術業益盛、既而罹病、荏苒不治、以明治辛未七月九日歿、享年五十六、葬于阪北天満寺町龍海寺、嗚呼、素先生同国故人也、善知先生矣、先生性沈静徐緩、終日黙然、人以為愚、独至読書診病、則穎敏精確、出於天資、

而又尋思推究、自弗措焉、少時嘗静坐看書、鼠以為木偶、狎遊左右、其在洪翁塾、同舎生肉薄激論、或起舞頓足、而先生則凝然対書、如在空室中、一夜街間失火、飛焰爍屋、衆狼藉奔走、先生兀坐対書、寂然不動、至火熄始知有災、平生所好、唯書与酒、独酌独誦、終日欣然忘倦、素嘗問対飲与独酌孰適、先生熟思稍久曰、苟有書矣、相知如君、亦以不対為可、其精一純至、可想也、平生不留意於世事、薬室陳破櫃、所乗竹輿醜陋、応接朴訥、措毀誉於度外、是以衆罵且笑、終又推量、医伯之称自帰、初謁土佐容堂公、公英邁不群、久聞先生名、以為必有非常之談、前席問之、在他人必人揣摩求售、而先生粛然曰、臣無可話者、其恬淡自如、概如是、先生号研堂、又号独笑軒、皆取義於読書、所訳之書、曰内外新法、曰日新医事抄、曰開校説、曰散花錦嚢、皆既上梓、未刊行者、曰難病全書、曰外科手術全書、曰薬性新論、曰生殖機能編、曰要薬配合則、曰医俗須知、又嘗以土佐藩之嘱、訳三兵答古知幾、洪翁訳書、亦先生与有力焉、若其医治回生之効、則又不勝一一記述云、配辰氏挙二男一女、皆幼、養同国妹尾氏之子道平為嗣、今茲癸酉、道平寓東京、陪朝使、遊在于墺国博覧会、数寄書促銘、乃銘曰、

太西之学、務在開成、我邦取長、先自済生、曰宇田川、伊東坪井、諸家結隊、東武馳騁、維緒方氏、建旗帝畿、門舎如市、海内取規、先生輔翼、輝光奕奕、開明之端、豈為無績、凡大西道、研精勉強、先生善効、其業発揚、容則米英、行則蛮野、雑学自飾、彼其何者、報国在学、成学在専、爰掲碑文、後生之伝、

三島中洲評、研堂翁、実吾備近来傑出大医、而余夙聞其名、憾不一面、今読此篇、其履歴性行、躍出紙上、恍如接音容、使余釈平生之憾、雖吾朗盧［盧］君之能文、非深知其人、悪能至于此、宜矣、古来以碑文托知己也、

（『朗盧全集』四〇五～七頁、阪谷素編、阪谷芳郎刊、一八九三年。なお、この碑文の一枚刷――一一七頁の(3)参照――を活版印刷したものがあり、字句の相異については、『日本洋学史の研究Ⅳ』所収の拙稿「緒方郁蔵と独笑軒塾」で指摘した）

［読み下し］

先生は備中簗瀬村の人なり。備中は往々傑士を出す。而して近世医術をもって世に聞ゆる者二人、一は緒方洪庵翁と為《な》し、その一はすなわち先生なり。先生、名は惟嵩、字《あざな》は子文、郁蔵と称す。本姓は大神、のち緒方氏を冒《おか》す。考（父）は万介君、妣（母）は大戸氏。其の幼時、素《しろし》（朗盧［廬］）の外舅《がいきゅう》（妻の父）山鳴大年、其の才を奇としてこれを教う。弱冠にして江戸に遊び、漢籍を精谿［渓］昌谷先生に学び、更に信道坪井［先生］の塾に入り、蘭書を読み、医方を講ず。既にして父の命を奉じて帰郷し、素の表兄（父の姉妹の子で自分より年長者）の弘斎（山鳴大年の養嗣、山鳴剛造）と与《とも》に日夕講習す。会《たまたま》、同門の先輩洪庵翁、大いに大坂に開業す。二人欣然として往いて之に就く。弘斎多病、専ら塾務を管す。而して先生洋籍に肆力《しりょく》し（十分力を出し）、勤苦刮磨《きんくかつま》（骨折つとめ、人才を成就し）業駸駸《しんしん》として日に進む。洪翁の名一世に震い、而して人、其の塾に郁蔵有るを知らざる者莫《な》し。翁結んで兄弟と為る。委《まか》すに教導を以てし、且つ医治を輔けしむ。生徒雲集し、有名の士、多く其の門に出づ。後ち別に一家を為し、術業大いに行われ、声価日に高く、南北緒方の称有り。土佐藩、洋学を開き、先生に藩士を教えるを託す。歳に俸二十口を贈る。戊辰の初、朝廷病院を大坂に建て、先生を以て少博士と為し、正七位に叙し、翻訳事務を管せしむ。日《ひび》、阿蘭《おらんだ》の名医（ボードインのこと）と応接討論し、術業益《ますます》盛んなり。既にして病に罹り、荏苒《じんぜん》（だんだん日月がたち）不治となり、明治辛未（四年・一八七一）七月九日歿す。享年五十六。阪北の天満寺町龍海寺（洪庵の墓所）に葬る。嗚呼《ああ》、素、先生と同国の故人なり。善く先生を知れり。先生、性沈静徐緩にして、終日黙然なり。人以って愚と為す。独《ひと》り読書診病に至れば、則《すなわ》ち穎敏精確、天資より出づ。而して又尋思推究、自ら措《お》かず（やめない）。少時（幼少のころ）、嘗《かつ》て静坐して書を看る、鼠以って木偶（木で作った人形）と為し、左右に狎《な》れ遊ぶ。其の洪翁塾に在るや、同舎生肉薄激論、或は起舞頓足（起って舞い足をばたばたさせる）す。而《しか》も先生は凝然（心が一つの事に集中して動かないさま）として書に対し、空室中に在るが如し。一夜街間に失火し、飛焔、屋《おく》を爍《や》き、衆狼狽奔走す。先生、兀坐《ごつざ》（たかだかと坐わる）して書に対し、寂然不動、火熄《や》むに至って始めて災有るを知る。平生好む所、唯書と酒とのみ。独酌（ひとり酒をのみ）独誦（ひとりそらよみする）、終日欣然として倦むことを忘る。素、嘗て問う、対飲（むかいあって酒をのむ）と独酌と孰れか適するかと。先生、熟思すること稍《やや》久しくして曰く、苟《いやしく》も書有れば、相知ること君の如し。亦以って対《こた》えざるを可と為すと。其の精一純至、想ふべきなり。平生世事に意を留めず、薬室は破櫃《はひつ》（破れた箱）を陳《つら》ね、乗る所の竹輿《ちくよ》（こし）は醜陋《しゅうろう》、応接朴訥《ぼくとつ》（飾りけがなく無口）にして、毀誉《きよ》を度外に措く。是を以て衆罵り且つ笑う。終《つい》には又推重《またすいちょう》（尊び重んずる）し、医伯の称自《おのず》から帰《き》す。初めて土佐容堂公元土佐藩主に謁す。公英邁なること不群《ふぐん》（群衆を離れて超出する）。久しく先生の名を聞く。以為《おもえら》く、必ず非常の談有りと。前席（席から乗り出す）してこれを問えば、他人必ず揣摩《しま》（事情をおしはかる）して售《しゅう》を求むる（答をさがす）あり。而《しかる》に先生蕭然《しょうぜん》（ものさびしく）として曰く、臣話す可きもの無しと。其の恬淡《てんたん》（心静かで無欲）自如（平然として動じない）、概《おおむ》ね是《かく》の如し。先生、研堂と号し、又独笑軒と号す。皆義を読書より取る。訳する所の書、曰く内外新法、曰く日新医事抄、曰く開校説、曰く散花錦嚢、皆既に上梓（刊行）。未だ刊行せざるもの、曰く難病全書、曰く外科手術全書、曰く薬性新論、曰く生殖機能論、曰く要薬配合則、曰く医俗須知。又嘗《かつ》て土佐藩の嘱を以って、三兵答古知幾を訳す。洪翁の訳書も亦先生の与《あずか》って力有り。其の医治回生の効の如《ごと》きは、則ち又一一記述するに勝《た》えずと云。配（妻）は辰氏。二男一女を挙ぐ。皆幼なり。同国妹尾氏之子（妹尾康信の三男）道平を養いて嗣と為《な》す。今茲《ここ》に癸酉（明治六年）、道平東京に寓す。朝使に陪《ばい》し（ともをする）、遊んで墺国博覧会に在り。数《しばし》ば、書を寄せて銘を促す。乃《すなわ》ち銘に曰く、太西（西洋）の学、務《つと》めて開成に在り。我邦長を取り、先づ済世（医学）よりす。曰く宇田川、伊東、坪井、諸家隊を結び、東武（関東）に馳騁《ちてい》（かけまわる）す。維《ここ》に、緒方氏、旗を帝畿《ていき》（天皇の領地、すなわち京、近畿）に建つ。門舎（塾）市の如く、海内規《き》を取《と》る（手本とする）。先生輔翼し、輝光奕奕《えきえき》（大きく美しい）、開明の端《たん》（はじめ）、豈《あ》に績《せき》（功績）無しと為《な》さんや。凡そ太西の道、研精勉強、先生善く効《なら》い、其の業発揚す。容れれば則ち米英、行えば則ち蛮野、雑学自ら飾る。彼れ其れ何者ぞ。国に報いるは学に在り。学を成すは専に在り。爰《ここ》に碑文を掲げ、後世に之れ伝う。

三島中洲（備中窪屋郡中島村に天保元年生まれる）評す。研堂翁は実に吾《わ》が備《び》（中）近来傑出の大医なり。而して余夙《つと》に（早くから）其名を聞くも、一面ならざるを憾む。今此の篇を読み、其の履歴性行、紙上に躍出し、恍として（うっとりとして）音容に接するが如し。余をして平生の憾《うら》みを釈《と》かしむ。吾《わ》が朗盧[廬]君の能文と雖《いえ》ども、深く其の人を知るに非ざれば、悪《いずくん》ぞ能く此《ここ》に至らん。古来碑文を以ってするに知己に托すなり。

（読み下しは梅溪昇著『洪庵・適塾の研究』一〇九～一一一頁より引用、思文閣出版、一九九三年、振り仮名など一部追記）

(3) 研堂緒方先生墓碣銘（大戸家所蔵一枚刷り碑文）

先生。備中簗瀬村人也。備中往々出傑士、而近世以医術聞于世者二人。一為緒方洪菴翁、一則先生也。先生。名惟嵩。字子文。称郁蔵。本氏大戸後冒緒方。考万吉君。妣亦大戸氏。其幼時。素外舅山鳴大年。奇其才教之。弱冠遊于江戸。学漢籍于精鶏[渓]昌谷先生。更入信道坪井先生之塾読蘭書。講医方。既而奉父命帰郷。与素表兄弘斎。日夕講習弗惰焉。会同門先輩洪翁。大開業于大阪。二人欣然往就之。弘斎多病。専管塾務。而先生肆力於洋籍。勤苦刮磨。業駸々進。洪翁名震于一世而人莫不知其塾有郁蔵者。翁結為兄弟委以教導。且輔医治。生徒雲集。有名之士多出其門。後別為一家術業大行。声価日高。有南北緒方之称。土佐藩開洋学。託先生教藩士。歳贈俸二十口。戊辰之初、朝廷建病院于大阪。以先生為少博士。叙正七位。管翻訳事務。日与阿蘭名医。応接討論業益盛。既而罹病荏苒不治。以明治辛未七月九日没。享年五十八。葬于阪北天満寺町龍海寺。嗚呼。素先生同国故人也。善知先生矣。先生性沈静徐緩。終日黙坐。人以為愚。然至読書診病則穎敏精確、出於天資。而又尋思推究自弗措焉。少時嘗静坐看書。鼠以為木偶。狎遊左右。其在洪翁塾。同舎生肉薄激論或起舞頓足。而先生則凝然対書如在空室中。一夜街間失火。飛焰爍屋。衆狼狽奔走。先生兀坐対書。寂然不動。至火熄。始知有災。平生所好唯書与酒独酌独誦。終日欣然忘倦。素嘗問対飲与独酌孰適。先生熟思稍久曰。苟有書矣。相知如君。亦以不対為可。其精一純至可想也。平生不留意於世事。古竹輿。破薬櫃。応接朴訥。措毀誉於度外。是以衆初罵且笑。終又推重。医伯之称自帰。初謁土佐容堂公。公英邁不群久聞先生名。以為必有非常之談。前席問之。在他人必揣摩求售。而先生粛然曰。臣無可話者。其恬淡自如。概如是。先生号研堂。又号独笑軒。皆取義於読書。所訳之書。曰内外新法。曰日新医事抄。曰開校説。曰散花錦嚢。皆既上梓。未刊行者。曰難病全書。曰外科手術全書。曰薬性新論。曰生殖機能編。曰要薬配合則。曰医俗須知。又嘗以土佐藩之嘱。訳三兵答古知幾。洪翁訳書亦先生与有力焉。若其医治回生之効。則不勝一々記述云。配辰氏。挙三男一女。皆幼。養同国妹尾氏之子道平為嗣。今茲癸酉。道平寓東京。陪朝使。遊在于墺国博覧会。数寄書促銘。銘曰。

太西之学　務在開成　我邦取長　先自済生　曰宇田川
伊東坪井　諸家結隊　東武馳騁　維緒方氏　建旗帝畿
門舎如市　海内取規　先生輔翼　輝光変々　治化開端

自有其績　凡太西道　研精勉強　先生善効　其業発揚
容則米英　行則蛮野　雑学自飾　彼其何者　報国在学
成学在専　爰掲碑文　後生之伝

明治八年三月十又九日　　　　　　　　　　　　　　阪谷　素　撰文

三島中洲評　研堂翁実吾備。近来傑出大医。而余夙聞其名。憾不一面。今読此篇。其履歴性行。躍出紙上。恍如接音容。使余釈平生之憾。雖吾朗盧〔廬〕君之能文。非深知其人。奚能至于此。宜矣古来以碑文托知己也。

(4)　独笑軒記

凡物、好則有害矣、好而無害者、其唯読書乎、然徒好而無所味、則苦而無益、能一其好、触物不動、従容咀嚼、忘歳月之移、則業進而得深矣、蜀志称、譙允南家貧、未嘗問産業、誦読典籍、欣然独笑、以忘寝食、是豈無所味、而能然乎哉、如少博士緒方君、其亦然者乎、君為人沈黙恬静、好読書、不留意於人事、其為書生、同学之徒、議論沸騰、扼腕撃案、大呼叱咤、筆墨皆翻倒、而君従容対書独笑、如山中枯坐之人、蓋亦与允南同其趣矣、君無他好、独嗜酒、酒又非芳醇適口者、則不飲、飲焉、不好対酌、気有不暢、輙飲、心有所適、輙飲、而読書有会意、飲最多矣、当其独酔独笑時、雖豪貴招以千金、逌爾不動、不知允南亦好酒有此趣否耶、允南儒生、所読在漢書、君以医立業、而所読在洋書、其所味同、而所得不同、則酒中之趣、亦宜有異同也、君之初開業也、衆皆嘲其迂、後遂安之、漸知其不可及、則曰、名家、名家、宜以別人遇之、於是乎、著書布海内、名不求益高、高知藩、毎歳贈以二十口俸、天朝任以少博士禄秩、是皆他人所奔走経営、而君未嘗毫留意、不求而至、自然而受、允南以独笑遷光禄大夫、君以独笑当此栄選、是則古今合符節者非耶、前十余年、君僦居于浪華、号曰独笑軒、寄書見囑記、諾而不果、聞今春新設大宅、土木工竣、是不可無記也、余与君同国、嘗同読漢書于江戸、去年奉天朝徴命、雖有故未出、其事固発自然、是亦同其致者也、特平生慷慨、乏独笑之趣、然亦不為無味于書者也、因叙旧事、以塞前日之責、若夫新居風致、則与君対酌、有旧例焉、請他日飲其酒、酔其軒、依其独笑之声、而記之、

（前掲『朗廬全集』所収）

［読み下し］

凡そ物、好めば則ち害あり。好んで害無きものは其《そ》れ唯読書なる乎《か》。然《しか》し徒《いたず》らに好んで味わう所無ければ苦しんで益無し。能く其の好みを一にし、物に触れて動ぜず。従容として咀嚼《そしゃく》、歳月の移るを忘れば、則ち業進んで深きを得る。蜀志に称《あ》ぐ（述べている）、譙《しょう》允南、家貧し、未だ嘗《かつ》て産業を問わず、典籍を誦読し、欣然独笑、以って寝食を忘ると（この蜀志の譙周、字は允南の伝は「独笑」の語の出典）。是れ豈味わう所無くして能く然らん乎哉《かな》。少博士緒方君の如き、其れ亦然る者なる乎。君の人と為《な》り沈黙恬静《てんせい》（しずか）、読書を好み、意を人事に留めず。其れ書生為《た》り。同学の徒、議論沸騰し、腕を扼《やく》し（残念がって自らわが腕をにぎりつかむ）、案《つくえ》（机）を撃《う》ち、大呼叱咤（大声をあげて叱る）、筆墨皆翻倒《ほんとう》（ひっくりかえる）す。而《しか》るに君従容として書に対し独笑すること、山中枯坐の人の如し。蓋《けだ》し亦允南と其の趣きを同じうせん。君は他の好みなし。独り酒を嗜む、酒は又芳醇口に適する者に非らざれば則ち飲まず。飲むには対酌を好まず。気に暢《の》びざる（心ののびやかでない）有れば、輒《すなわ》ち飲み、心に適する所有れば輒ち飲む。而して読書し会意（心にかなうこと）あれば、飲むこと最も多し。其の独酔独笑の時に当りて、豪貴（大いに貴いもの）千金を以って招くと雖も逌爾《いうじ》（笑うさま）として動かず。允南も亦酒を好み此の趣を有するや否やを知らず。允南は儒生、読む所は漢書に在り。君は医を以て業を

立て、而して読む所洋書に在り。其の味わう所同じ、而《しか》も得る所同じからざれば、則ち酒中の趣も亦宜しく異同有るべきなり。君の初めて開業するや、衆皆其の迂（実情にうとい）を嘲る。後ち遂に之れに安んじ、漸く其の及ぶべからざるを知る。則ち曰く、名家、名家、宜しく別人を以て之れを遇すべきと。是に於て乎《か》、著書海内に布《し》き（広く行きわたる）、名求めずして、益高し。高知藩、毎歳贈るに二十口俸を以てし、天朝任ずるに少博士を以てす。禄秩、是れ皆他人の奔走経営する所、而も君未だ嘗て毫も意に留めず、求めずして至る。自然にして受く。允南は独笑を以て光禄大夫《こうろくたいふ》（中国の官名）に遷《うつ》り、君は独笑を以て此の栄選に当る。是れ則ち古今符節を合するものに非ずや。前十余年、君は浪華に僦居《しゅうきょ》（借家）し、号に曰く、独笑軒。書を寄せ記せんことを嘱せられる。諾して果さず。聞くに今春大宅を新設し、土木の工竣《おわ》ると。是れ記すこと無かるべからざるなり。余と君と同国、嘗て同じく漢書を江戸に読む。去年天朝の徴命を奉じ、故有りて未だ出でずと雖も、其の事固《もと》より自然に発す。是れ亦其の致《ち》（おもむき）を同うするものなり。特《こと》に平生慷慨、独笑の趣きに乏し。然れども亦書を味わう無しとせざるものなり。因りて旧事を叙べ、以て前日の責《せめ》を塞《ふさ》ぐ。若し夫れ新居風致なれば、君と対酌するも旧例有り。請う他日其の酒を飲み、其の軒に酔い、其の独笑の声に依りて之れを記さんことを。

（読み下しは前掲『洪庵・適塾の研究』一一二〜三頁より引用、振り仮名など一部追記）

(5)　独笑軒塾姓名録「門生姓名」

独笑軒塾姓名録「門生姓名」は八十四名の門生が記されているが、別に門生と思われる人びと六名を番外として最後に追加した。なお、下段の数字①②……は参照の便宜上、入門順に番号をつけたものである。

門生姓名　　文久辛酉［元年］七月始記之

（大阪府公文書館蔵）

① 井上　健次　土州高岡東郡佐川　万延元年十月朔日再遊

② 小川　裕蔵　紀州室〔牟婁〕郡田辺　万延元年極月六日再遊

③ 松山柿右衛門弟　松山　熊蔵　土州高岡郡能津村　万延元年庚申四月朔日入門

④ 千屋半平末男　千屋　金作　同国同郡半山郷　同日入門

⑤ 郡田　文機　芸州広島研屋町　万延元庚申十二月十八日入門

⑥ 岩名昌山息　岩名　有文　東都裏二番町　文久元年辛酉正月七日入門

⑦ 又川楊亭息　同苗　和足　土州高岡郡津野山郷　文久元年辛酉三月廿日入門

⑧ 島邨卯太郎弟　島村　良次　同国高知潮江村　同年三月晦日入門

⑨ 細川潤徳息　同苗　春斉　同国高智種嵜町　同年同日入門

⑩ 和田広潤弟　和田　敬吉　同処紺屋町　同年四月九日入門

⑪ 田中宗和息　同苗　順立　土州高知廿代町　同年同日入門

⑫ 楠瀬春平嫡　同苗宇太郎　同国安喜〔芸〕郡左喜浜　同年五月朔日入門

⑬ 的場　全柳　丹後加佐郡内宮邨　同年五月十二日入門

⑭ 長野左造息　長野　穆斎　土佐高岡郡佐川　同年同月廿三日入門

⑮ 井上　淡蔵　土州高智本町　同日入門

⑯ 千屋清助嫡　千屋熊太郎　同国安喜郡和食村　同年五月廿五日入門

⑰ 理平息　土生寛之助　同国高智浦戸町　同年七月朔日入門

⑱ 関根達三息　同　昇　浪華天王寺村　壬戌正月廿三日入門

⑲ 千頭　順信　土州高岡東郡佐川　文久二壬戌三月四日入門

⑳ 川口　春耕　同国安喜郡安喜浦　同日入門

㉑ 北屋　見輪　徳莽嫡男　雲州松江藩　文久壬戌秋八月入門

㉒ 水野　秀哲　防州小郡　文久壬戌秋九月入門

㉓ 方寄　観海　雲州松江　文久二壬戌秋九月十有五日入門

㉔ 松島　俊三　了雄息　淡州須本　同年十月入門

㉕ 飯田　碩造　防州下松　文久二壬戌冬十一月入門
翌亥十二月十三日逐塾トナル

㉖ 土倉　擴斎　予州宇和島藩　文久三癸亥春三月廿五日入塾

㉗ 賀古　順承　予州宇和島藩　同年同月同日入塾

㉘ 芝　三也　同藩　同年同月同日入塾

㉙ 堤　毅　城州京都処士　文久三癸亥八月十一日入塾

㉚ 渡辺　首　作州勝山藩　文久三癸亥八月十三日入塾

㉛ 田原龍之祐　南豊居士　文久三癸亥晩秋入塾

㉜ 谷　哲斎　予州宇和島藩　文久三癸亥仲冬廿八日入塾

㉝ 能島　一斎　同　藩　同年同月同日入塾

㉞ 磯山　栄順　予州今治藩　文久三亥晩冬入塾

㉟ 同　清斉　小島長清嫡　丹州福知山藩　元治元年二月十日入塾

上枝　稠㊱　元治元年晩春入塾　讃州高松春日村
同　道一㊲　桑原恬所嫡　元治元年三月十三日入門　防州岩国藩
原田　主馬㊳　文久二年戊五月中旬入門　国嶋村
岡原　玄民㊴　元治元年甲子春三月十六日入塾　予州宇和島御庄
新城　諦斎㊵　同年同月同日入塾　予州宇和島松丸
海島　柳斎㊶　同歳三月入塾　淡州田中
岸上　成一㊷　元治元年首夏入塾　摂州三田藩
小林　謙吉㊸　同年晩秋入塾　備中吉井処士
佐野　雋達㊹　元治元秋九月入塾　豊後杵築藩
和田　圭甫㊺　元治元十月入門　濃州恵那郡岩村藩
箕浦　龍蔵㊻　同年霜月入門　土州江ノ口居士
西野　倫司㊼　武州東都産
細川　良益㊽　河内寺川村
和田　文郁㊾　摂州三田藩
島村　繁七㊿　土州安喜浦
神沢　民部(51)　播州三木下町
西川　文信(52)　土州長岡郡
肥塚次郎吉(53)　播州網干

豊後佐伯藩　山田　俊郷　㊴

備中窪屋郡　別府　精研　㊵

予州松山三津街　松田　三益　㊶

筑後三池藩　内坂　玄秀　㊷

播州加東[郡]古川　井上　謙学　㊸

摂州三田　盛[森]鼻縫之助　㊹

土州長岡郡十市村　利岡《としおか》猪三郎　㊺

土州長岡郡十市邑　大和田栄純　㊻

備中川上郡九名邨処士　阪田　迂蔵　㊼

丹後宮津藩　中村　清純　㊽

土州高岡郡佐川　渋谷　求堂　㊾

丹後宮津　林　良莽　㊿

作州粂南条郡弓削　円山　呈策　(66)

土州藩医　深尾　玄隆　(67)

土州須崎浦　市川　良清　(68)

土佐吾川郡西分村　秋沢　慶吉　(69)

土佐長岡郡久礼多村　大川　渉吉　(70)

防州山口良城　小田　仲甫　(71)

播州明石太山寺　安藤　玄達　(72)
予陽松山藩　川井　玄淡　(73)
摂州浪華　来島　斎吉　(74)
土州宿毛藩　酒井　己千　(75)
摂刕〔ママ〕高槻　斎藤　雄次　(76)
豊州中川藩　田能村玄乗　(77)
備後福山藩　矢守　貫一　(78)
備中井〔原〕村之処士　千原卓三郎　(79)
備中三嶺之布衣　竹井　恒三　(80)
備中簗〔瀬〕村布衣　山鳴誠三郎　(81)
豊後杵築弁分〔別府〕之布衣　手嶋　立紀　(82)
備中浅口郡六条院　清水登三郎　(83)
豊後杵築藩　阿部　友貞　(84)

＜番外編＞

高知長岡郡久礼田村　楠　正興　外①
土佐安芸郡安田村　柏原信卿　外②
備中浅口郡玉島村　戸塚文海　外③
備中下道郡箭田《やた》村　妹尾道平　外④

摂州大坂　　　　　　　　　　　　　　　　　　　　　　松本　端　外⑤
備後安那郡粟根村　　　　　　　　　　　　　　　　　　窪田次郎　外⑥
（前掲「緒方郁蔵と独笑軒塾」所収の改訂版である）

(6)　独笑軒塾則

（大阪府公文書館蔵）

独笑軒塾則

一雖学蘭書、常守　我朝之道、不可失国体
一禁放歌高話、其他凡為学問之妨害者直退之
一夜初更後禁縦出入門
一入門之義、一応塾長エ掛合ヒ相話シ候上ハ、属僚正介エ証書ヲ納ムべキ事
一席次級順ハ、入門之前後ニ関セズ年令之少長ヲ問ハズ、唯学力之優劣ニ応シテ毎月旦之ヲ改メ、若シ学力抜挺シテ級頭ヲ務ムル事三ケ月ニ充レバ之ヲ登級セシメ、怠惰欠席シテ勝敗ナキ事三ケ月ニ充レバ之ヲ下級セシムル事
一出入者必ズ之ヲ塾長ニ告グべキ事　若シ塾長在サレバ塾監ニ答べシ
一火之用心可為緊要事
一夜行ヲ禁ズ、若シ昼ヨリ外出セルモノハ初更ヲ限リ帰塾スべシ、不得已要用有之カ、或ハ病気等ニテ遅刻或ハ外宿ニ及候者ハ、翌日請人之実印ヲ以テ断リ可申事
一飲酒ヲ禁スル事

一俗謡雑戯ヲ禁スル事
一研究之為議論スルモ、必ズ言語ヲ慎ミ、礼譲ヲ守リ、主意通スルヲ専トシテ、外聞野鄙ナラサル様可心得事
一金銀貸借ヲ禁スル事
一書籍器財不告シテ他生之物ヲ妄用スルヲ禁スル事
一病気之節ハ互ニ力ヲ尽シ看病致スベシ、若シ臥床七日ニ過候ハヽ、受人之方へ引取養生相加へ、尚其上モ輪次ニ候問可致事
一夜中高声之読書ヲ禁スル事
一他生ヲ猥ニ塾中へ招引スルヲ許サズ、無余義他生ヲ塾中へ可招引時ハ一応之ヲ塾長ニ答フベシ
一右之十三則違背ニ及候者ハ、早速退塾可申付者也、依之万事行状ヲ正クシ一途ニ学業研精アラン事ヲ希而已

文久辛酉七月朔日

独笑軒主人改識

一札之事

一何国何郡何某何誰家来義、此度貴家入門之義、塾長様迄願出候処、御承知被成下難有奉存候、然ル上ハ向後同人身上ニ付、万事私引受埒明可申候、仍而一札如件、

月日

請人　大阪何町　何某　印

緒方様

御塾長御属僚

松田正介殿

入門式

一金二百疋　束脩　先生
一同二朱　奥方
一同　塾長
一同　塾監
一同　塾中
一同　属僚

入塾法

一銭二百銅宛　婢僕

玄関生

一入門式、入塾法、各減前数条之半、但、随時随人有出此規則者

塾生月俸

一月白米一斗五升

盆暮謝儀

一二朱　　　　先生

一銭百銅宛　　婢僕

　　階級課業次第

塾長　自塾長至二等則研究書応其人任其好

塾監

一等

二等

三等　万物究理書会読

四等　文法書後編会読

五等　文法書前編会読

六等　文法書素読生

級外　訳書研究

（前掲「緒方郁蔵と独笑軒塾」所収の改訂版である）

(7)　緒方郁蔵関係書状

①緒方洪庵書状　山鳴先生（大年）・山成直蔵宛　天保十一年（一八四〇）九月十三日付（山成家蔵）

この書状は京都の蘭方医・長柄春龍への養子話が持ち込まれ、緒方洪庵は賛成し、本人も望んでいたにもかかわらず、父の反対で進捗しないので、地元・簗瀬村の師・山鳴大年とその弟・直蔵に洪庵が斡旋を依頼した書状である。郁蔵も同時に同様な書状を出している（書状②）。こうした周囲の努力にもかかわらず、父の賛同は得られず、郁蔵の養子話は立ち消えとなった。

未得拝眉候得共、呈一書候、時下秋冷逐日相増候処、先以御揃愈々御清壮被成御暮、珍喜之至奉賀候、猶又剛三君ニも愈々御無事弊家御逗留ニ御座候、此段御安意可被下候、

然ハ郁蔵子事養子一件、定而剛三君より御申談ニ相成り御承知之事と奉存候、長柄春龍と申スハ当時京師ニ而余程之大医、随分高名家ニ御座候処、郁蔵子伝聞いたし甚懇望之よし、当時人ヲ以テ小生へ相談ニ及候事ニ御座候、然ル処、同子両親不承知ニ而許容不被致趣、扨々残念之至ニ奉存候、同子も右養子の事相望且ハ先方よりも懇望、其上随分相応之富家ニ而書籍も不乏、此事成就不仕ハ幾重ニも遺憾之至と奉存候、同子も甚タ相望ミ居候事ニ候得は、何卒今一応御両所様より右両親へ御説得被成下候様ニは相成申間敷哉、御相談申上候、京師よりも度々催促申来候得共、余り残念之事ニ奉存候故、今少し相待候様申遣候、未タ何とも返事いたし不申、乍併余り及延引候而は先方へも気之毒ニ御座候間、何卒御相談之上可否之御返答、急使被仰下度奉待候、右御相談申上度、早々如此御座候、恐惶謹言

九月十三日認　　　　　　　　　　緒方洪庵拝

山成大年様

山成直蔵様

②緒方郁蔵書状　山鳴先生（大年）宛　天保十一年九月十二日（大戸家蔵）

この書状は京都の蘭方医・長柄春龍への養子話が持ち込まれ、緒方洪庵は賛成し、本人も望んでいたにもかかわらず、父の反対で進捗しないので、地元・簗瀬の師・山鳴大年やその弟・直蔵に斡旋を依頼した書状である。洪庵も前後して二人に斡旋を依頼したが（書状①）、父の賛同が得られず、実現しなかった。

愚書呈上仕候、秋冷之候ニ候、愈貴閤皆様御揃益御機嫌能可被遊御座奉遠察候、当境師家始挙塾眠食依旧、乍憚御省念可被下候、時々風便御左右承候得とも態々御尋も不申上、存外御無信真平御海如［恕］可被下候、猶剛三君御事も依旧御多福被為在候、御同人御卜居も未タ一決不仕候得共、当分弊塾にて御読書、見機御開店之思召と相見申候、伊藤立節子も神戸にて開業之処、新医ニしてハ病客も多く諸事好都合と申事也、

一小子事今迄ハ何之遠慮も無く碌々重犬馬之齢、是歳既ニ二十有七、未だ一家を作す事能ハす、残憾奉存候、今以学不足服人、弁不足引人、然は此後開店するも為人知らるゝ事ハ亦期望すべからす奉悔候、何れ寒生之始めて一家を作すは、或ハ学力あるか、或ハ敏才あるか、或ハ名家之旧趾に拠るにあらされは迚も難き事と奉存候、併今田舎に帰り野人と倍［伍］をなし、其死其生人知らす空く艸樹と生枯を同する、たとひ餓渇之患なしといへとも、いやに奉存候、此段奉煩芳慮、御尊意御聞かせ被下候得ば、千万難有奉存候、

当夏弊地に於て直蔵様得拝顔、一計策御相談申上候処、何分帰郷之上篤と相談致し、可否可申越と之御事也、定て此義も貴聞に達し候はんと奉存候、其後御返事被下候処、独立開業ハ可也、右之計ハ不可、第一叛父君之意、先ツ止めにすべし被申遣候、就夫任貴兪［諭］見合せ居候処、此節又々前慮再起、いろいろとあんじ居申候、小子熟々思ふに先達而直蔵様迄御相談申上候計、いかにもよからんと奉存候、是又御高案之上、直蔵様并愚父と御相談、可否御聞かせ被下候得は難有奉存候、

右之養家ハ京都にて候、段々聞合仕候処、諸事申分無之趣、此度ハ差急て縷説不仕候、書余当メース之書面より

御聞取可被下候、尚委しき事ハ追て可申出候、右は御面倒御願申上度、早々如此御座候、頓首

九月十二日　郁蔵拝

山鳴先生梧右

尚御令閨様、時気御見舞可然御致言被下候、中村點斎子昨十一日無事当着候、詳御状候、以上

③緒方郁蔵書状　大戸三木蔵宛　［文久二年］正月廿八日（大戸家蔵）

緒方郁蔵は六人兄妹の長男であったが、家を離れたので、末の妹・すみ（すへ）に養子・三木蔵を迎えた。この書状はすみが亡くなったという知らせを貰って、お悔やみと香典（香儀）を送った書状である。すみは文久二年正月四日に没しているので、この書状は同年に出された。

御飛札拝見承候へは、於すみ義数年之煩にて養生不相叶、遂ニ此頃逝去之由、遠境不如意、平常御無沙汰、最期之時も不得一面、天寿とハ乍申遺憾不啻、大息之至に御座候、随而、香儀二百匹追悼之験迠ニ差出申候、御霊前へ御備へ可被下候、春中一応帰国仕候へ者、都合宜敷トハ存候へ共、無余儀故障も有之、暫々延引之程も難計、併当年中ニハ必貴面萬話可申含に御座候、乍憚山鳴様御一統様へ宜敷御伝言奉願上候、先ハ御報旁々右御悔申上度、如此御座候、頓首

［文久二年］正月廿八日夕　緒方郁蔵

大戸三木蔵様

尚、春寒烈御子共達折角御大切奉祈上候、以上

④緒方道平書状　清水久三造宛書状　［明治四年］八月九日（大戸家蔵）

本書状は緒方郁蔵が亡くなって一か月後の明治四年（一八七一）八月九日に、養嗣子・緒方道平が清水久三造へ出した書状である。清水久三造は独笑軒塾姓名録「門生姓名」の最後から二番目の入門生（明治四年一〜二月入門か）である清水登三郎の父で、出身は「備中浅口郡六条院」と記されている（一二六頁参照）。郁蔵が預かっていた門人が郁蔵没後に勉学に身が入らず、遊び癖がついたようなので、あとを預かる道平が、郷里の父親に相談した書状である。

未得拝面候へとも、時下秋冷追々相進候処、皆々様御気嫌良御暮被為在候段、奉恭賀候、陳は此度登三郎君御上阪之砌ハ御国産之小豆沢山御贈被下難有拝掌仕候、早々御礼可申上之処、過日登三郎君ゟ御左右可被成下候御願申上置候通、養父郁蔵長病罷在候処、終ニ養生不相叶、去七月九日黄泉に趣候、因而彼是取紛御礼等今日迨及遅延候、不慇思召可被下候、

偖登三郎君御義御修行ニ付而ハ万事其指揮亡父郁蔵江御托ニ相成、同人存生中、始終御相談申上居候、然ル処自身追々病気相重候処ゟ自然御指図も不行届ニ成行候故乎、登君も少々御油断之様子相見掛心配仕居候折節、是非とも一先帰省いたし度段、御相談有之七月十二日迨ニ御上り間ニ合不申ハ、開成所日限ニ後れ候故如何かと存候へども強而御止メ申も御帰省之事と云ひ、又御都合も可有之、且一先気ヲ抜候方もよろしくと奉存候故御返し申上候処、御国本御都合に而妙案、入門日之間ニ合不申候、残多き事に候、然レハ益御慎み、何連ニ而もいく蔵方ニ而御修行可被成本道之処御上坂已来之御様子却而已前より不宜よう相見江甚心配仕候、於弊宅も少博士存命に候へばまた申上候而も能々御耳ニ可入候へども若輩之私故其後行届兼、此様子不申上此侭差置候事も尊家之御思召如何と心慮仕、荒々様子申上ケ至急之便ニ尊家より直々御行跡御改メ可被成様壱通御遣可然奉存候、

内々承候へば金子も余程御差支之趣、処々より催促人参候と申事ニ候、弊宅ゟも盆前御帰省之砌少々御取替申上置候ても唯々之様子ニ而ハ御手ニ無方御為メ筋と存、実ハ私ゟ此間中両度程御催促申上候へども何分私方江ハ御上阪已来二三日御逗留ニ相成而已ニ而彼是御転宿ニ相成候故度々御対面も不申上其侭ニ相成居候、今日之始末如斯候間篤と御推察御考合御身為ニ相成候様御認御迨《いたら》セ被下度候、猶委細後ゟ可申上不取敢一筆申上候、草々不宣

八月九日　　緒方道平

清水久三造様

(8)　緒方少博士(郁蔵)回章

諸君子　　緒方少博士

回　章

口演

春夏交代之候益御多祥
御送光、欣雀不斜可抃賀候、然は
麁酒圭盞献し度候間乍御苦労
今日四字前より乍御苦労御賁
臨可被下様奉待上候、委細は

(現代語訳)

春より夏へと季節は移ろいますが、ご多幸で
お変わりなく、お喜び少なからずお祝い申します。さて、
粗酒を僅かばかり差し上げたく、ご苦労ながら
今日四時前に、ご苦労ながらご出席
下さいますよう、お待ち申し上げます、委細は

評定之上可申述候、早々頓首　会議の席で申し述べます。以上
［明治三年］三月廿五日
緒方少博士

篠原［真路］大助教
高橋［文貞、春平］大助教　昨日より唔大先生御供ニ而紀州江被参申候
緒方［拙斎］中助教
中［欽哉］大得業生　退院ニ被成不申
小野［元眠］大得業生
大井［卜新］大得業生
梅谷［謙堂］御役医　一昨日来不快ニ付失礼仕候
高安［丹山］御役医
次第不同御免
三角［有偽［儀］、医籍取調掛］
田中［去仙、大学権少主簿］
三瀬［周三、大学少助教］
様

［注］
回章：回文とも言い、二人以上の宛名人に順次回覧して用件を伝える文書。氏名の右の傍線は閲覧したことを示していて、大井卜新のみ不閲の可能性が高い。
口演：文章でなく、口頭で述べること

文意：粗酒を差し上げると言いながら委細は会議の席で伝えるとしているので、この回章は会議の招集と出席の確認が目的かと思われる。なお、高橋文貞大助教の付記中、「嗜大先生」とはボードインのこと。

［補記］［　］内の補記は『大阪大学医学伝習百年史　本史』（二〇一〇年）の「大阪医学校病院職員一覧中の明治三年一～十二月在職者」による。但し、大井卜新のみ「同じ一覧中の明治二年十一～十二月在職者」による。

(9)『開校説』

本書は大阪医学校に就任したオランダの医官・エルメレンスの就任演説を緒方郁蔵が翻訳して出版したものである。若いエルメレンスが未知の国で新たな仕事を始めるにさいして高揚した気持ちで、西洋諸科学が日々進展している状況をその歴史を踏まえながら伝えようとした内容であるが、特に解剖学の重要性を説いている。本書は緒方郁蔵の最後の著書（翻訳書）であり、最新医学の紹介を始めた『日新医事鈔』シリーズのひとつともみなされる。ただ、これまでの著書とは異なり講演の記録であるが、明治維新期の記念碑的文献ではなかろうか。

残念ながら、この時代は医学校をふくめた各種教育施設が朝令暮改の状況で次々と代わったため、本書の保存もかなわず、現在公共機関で所蔵されているところがほとんどないが、それにもかかわらず幸運にも入手した著者が本書を翻刻する所以である。全体としては文章は読みやすいが、現在使用されなくなった言葉が多く使われているので、語彙に振り仮名を付し、下段に注釈を付した（ただし、ヿ→コト・ソ→シテ・𪜈→トモとした）。

［標題紙］
「和蘭医官過爾黙聯斯氏撰　開校説　大坂医学校」

開校説

大坂医学校教師蘭医過尓默聯斯氏撰

博士、助教、得業生、諸生徒ノ諸君、今日此新校ニ会スルハ実ニ慶賀スヘキ盛宴ト謂ツヘシ、夫レ医者通例疾医ト学医トノ二類ニ分ツ、疾医ハ学医ヲ絀《しりぞ》ケテ云ク彼ノ徒学課ニ心酔シテ病者ニ益ナシト、学医亦疾医ヲ斥《ゆびさ》シテ云ク彼ノ輩志ス所固陋《ころう》、自ラ卑屈シテ医術ヲ賤工末技ノ如クナラシムト、医ニ此別アルハ諸君以テ如何ト為スヤ、予断《シテ》レ之ヲ曰ク方今ノ如キ医学闡発《せんぱつ》ノ秋ニ在ツテハ此別愈々無クンハアルヘカラス、距レ今五十年前ニ在テハ医ヲ挙テ皆疾医ナリ、其間偶々学医ト称スル者モ亦唯患者ノ証状ヲ精ク録載シテ其跡ヲ弁明セシ疾医ノミ、例レ之「ブールハーヘ」氏ノ如シ

厥後《けつご》三十年前ニ至テ人屍《じんし》ニ就テ病理ヲ考索スルコトヲ始ム、於レ此旧軌《きゆうき》一変ス、則「パリス」ノ「ビシヤット」氏「クリュファリユー」氏「ウエイ子ン」ノ「ロキタンスキ」氏「ベルリン」ノ「ヒルコウ」氏等ハ皆旧ヲ脱シ新ニ赴クノ郷[教]導ニシテ実ニ一時ノ巨擘《きよはく》ナリ、此数家ハ患者ニ臨ミ問診ヲ以テ慊《あきた》レリトセス直チニ死骸ニ就テ病ノ蘊奥《うんのう》ヲ鉤考《こうこう》スルヲ専務トス、是ヲ以テ病理解剖学ナル者顕然《けんぜん》世ニ出ツ、是医学中ノ一新課ナリ、自レ此シテ世医患者ノ死スルアレハ其屍《しかばね》ヲ解キ其変常ヲ視テ以テ生前ノ病証ヲ証セリ

継テ又病床検査術兼行レリ、則チ「パリス」ノ「ラーン子ッキ」氏「ウエイ子ン」

疾医：内科医
学医：医学を研究する医者
絀ケテ：否定して
固陋：がんこ
賤工末技：いやしい職人、未熟なわざ
闡発：ひらきあらわす
厥後：その後
旧軌：これまでのやり方
巨擘：傑出した人物
慊レリトセス：満足せず
蘊奥：極意
鉤考：探る

ノ「スコダー」氏聴胸、打胸ノ二術ヲ発明シ此ニ由テ病床ニ於テ許多ノ新徴候ヲ認得ルカ如シ、尚且ツ諸排洩物《はいせつぶつ》ノ舎密《せいみ》検査法ヲ以テ病徴ヲ取リ、又常体ト病体トノ寒暖ノ度ヲ較量シテ以テ古人唱ヘシ所ノ熱病説ヲ一変スル等皆同時ノ発明ニ出タリ

右諸般ノ新法ニ由テ往時曖昧決シ難キ諸症并ニ体内ノ変動モ確実昭著《しょうちょ》ニ窺ヒ知ルコトヲ得タリ

此ニ由テ諸病ノ治法モ亦一変セサルコトヲ得ス、則病ニ由テハ頑然トシテ其経過ヲ守リ医薬ヲ以テ進退シ能ハサル者アルコトヲ発明ス、喩ヘハ窒扶斯《チフス》、猩紅班《しょうこうはん》、肺焮《はいきん》衝《こう》、痘瘡《とうそう》、麻疹《ましん》、羅斯《(らうすか)》ノ如シ、是等ノ病ハ患者ノ体質、病勢ノ劇易ニ応シテ其終リノ吉凶異ナリト雖トモ皆ナ一向ニ経過シ去テ医薬モ之ヲ指揮スルコト能ハス、其幸ニ治スル者ハ唯々平淡無力ノ法ニ委テ良能ヲ俟チ峻劇剤ヲ用ヒサリシ者ナリ、其他体中ノ器具不治ノ変常ニ罹テ早晩必ス不治ニ帰スル者アルコトヲ発明ス、喩《たとえ》ハ僂麻質《リウマチ》後ノ心臓器質病、脳内溢血ニ原《もとづ》ク髄質変性病、肺ノ気胞腫即チ所レ謂肺気腫ノ如キ是ナリ

夫レ如レ是不治ノ疾疢《しっちん》アルコトヲ発明スト雖トモ此ヲ済《すく》ヒ能ハサルヲ以テ治術漸ク拙陋《せつろう》ニ陥リシト謂フ勿レ、後来《こうらい》病ヲ療スルニ攻撃剤ヲ不レ用シヨリ其功績前日ニ比スレハ優レルコト遐《とお》シ、肺焮衝ノ如キモ数回ノ刺絡《しらく》、多量ノ吐酒石《としゅせき》ニテ患者ノ精力ヲ隕《おと》サシメスシテ純ラ良能ニ委任シ且ツ古人ノ如ク複雑ノ方ヲ処セスシテ単ニ各薬ノ醇功《じゅんこう》分ヲ与ルノミニシテ治ニ就ク者亦居多シ

舎密検査：化学検査

昭著：明らかなること

窒扶斯：チフス菌が腸を冒して発症する伝染病

猩紅班：高熱を発し、赤い発疹ができる

痘瘡：天然痘

麻疹：はしか

羅斯：幕末・維新頃に流行した病い

僂麻質：関節の痛む病気

疾疢：悪疫

拙陋：見識が狭くてかたくな

後来：将来、ゆくすえ

遐シ：とおい、はるか

刺絡：動脈に針を刺して血をとる

隕ス：落す

療具ニ至テモ往々一新ノ発明多シ「エレキテル」ヲ以テ神経機能ノ障碍《しょうがい》ヲ療シ、咽喉鏡ヲ以テ声帯ノ腫脹《しゅちょう》ヲ除ク等ノ如シ

又疾病ノ予防ハ医薬ノ及ハサルヲ知リテ専ラ其病原ヲ探ツテ之ヲ除キ其病ヲ未発ニ禦《ふせ》クノ発明アリ、喩《たと》ヘハ牛痘種法ニ由テ天然痘ヲ予防シ娼婦検査ニ由テ梅瘡毒ヲ撲滅シ泥沼ノ瘴気《しょうき》ヲ隔絶シ市陌《しはく》ノ汚物ヲ浄遣《じょうけん》シテ以テ流行熱ヲ滅却セシムルカ如シ

是レ中古ノ発明ニ属スト雖トモ往昔ノ疾医既ニ此意境《いきょう》ニ居レリ、挽近《ばんきん》ノ疾医ハ又更ニ一新ノ地ニ在テ患者ニ益センカ為ニ其助ヲ諸般ノ学事ニ籍《か》ラサルコトヲ得ス、随テ疾医ト学医トノ別全ク古ニ異ナリ、古ノ疾医ハ学事ニ労セス今ノ疾医ハ病症ヲ理会スルニ先《さきだ》ツテ広ク学事ニ渉《わた》ラサルコトヲ得ス、学医亦然リ、仮令ヒ親《みずか》ラ患者ヲ手ニセサルモ愈々其識ヲ博クシ以テ其余沢ヲ患者ニ推及《すいきゅう》サスンバアラズ、例レ之「ヘルホルツ」氏発明ノ検眼鏡ハ単純学理ニ原《もとづ》キ成ルト雖トモ其眼病治療ニ斯ク大益アルカ如シ、是故ニ学医疾医ノ別アリト雖トモ衆庶ノ疾患ヲ済《すくわ》ンカ為ニ其力ヲ盡ス所以ンハ共ニ一ナリ

抑々疾医ト学医トヲ論セス凡ソ医タル者ニハ解剖学、生理学ノ緊要タルコト諸君ノ既ニ知ル所ナリ、蓋《けだ》シ此二学ハ諸医学ノ基礎ニシテ人身ノ変常ヲ知ラント欲セハ必ス先《ま》ツ此ヲ知ラサルヘカラス、譬ヘハ器匠、其器ノ敗《しくじり》ヲ繕《しゅうり》セント欲セハ必ス先ツ其元ト成ル所以ノ由ヲ知ラサルヘカラサル如ク医士疾病ヲ療セント欲セハ先ツ人身ノ内景《ないけい》及ヒ其官能ノ常ヲ知ラサルベカラズ、之ヲ知ルハ乃チ其二学ニ在リ、然ル

障碍：じゃま、さまたげ
腫脹：はれ、むくみ

瘴気：熱病を出す山川の悪気
市陌：市中のみち
意境：気分
挽近：ちかごろ

推及：深く調べ考える

蓋し：思うに

内景：人体の内部構造

ニ生理学ヲ研《みが》クハ諸動物ノ屍特ニ活獣《かつじゅう》ヲ得テ足レリト雖トモ解剖学ニ於テハ必ス人《じん》屍《し》ヲ得ンコトヲ要ス、是レ彼ノ生理学ニ比スレハ一等ノ艱処《かんしょ》アル所以ナリ、凡ソ解剖学ヲ研《みが》クノ徒ハ固《もと》ヨリ世人ノ口舌ヲ憚ラスト雖トモ解剖ニ臨《のぞみ》テハ深ク謹慎鄭重ヲ加ヘ粗暴ノ言ヲ吐カス、軽率ノ行ヲ為サス、務《つとめ》テ人心ヲ失ハサルヘシ、何者ハ其屍ハ元ト同ク人ノ遺骸ニシテ親疎自他ノ別ナク一個ノ霊体ト看《み》做《な》スヘキ者ナレハナリ、蓋シ解剖ハ施治《せじ》ニ益アランカ為ニ行フ者ニシテ此術徴《め》セハ医学モ亦闡発《せんぱつ》スルコト能ハス、庶幾《ねがわ》クハ諸人ヲシテ此意ヲ徐々ニ領会《りょうかい》セシメンコトヲ要ス、曩古《のうこ》以来世人ノ驚異スル者ハ解剖術ナリ、近世ニ至リ愈々闡《ひら》ケ愈々進歩スル所以ハ全ク冥々《めいめい》ノ中ニ於テ其陰徳ヲ積ムノ効ニアリ

昔者「ギリシヤ」ニ於テハ厳《おごそか》ニ人屍ヲ解クコトヲ禁シ唯々家猪《かちょ》ニ就テ此術ヲ学ヒシノミ、距レ今大約三百年前、「伊太里亜国」ニ於テ高名ノ解剖家、「ヘサリウス」氏竊《ひそか》ニ人屍ヲ奪ヒ唯々夜間窖内《こうない》ニテ其術ヲ精研《せいけん》セシニ其事発覚シテ自ラ危急ニ迫リ纔《わずか》ニ其命ヲ遁《のが》レシコトアリ、然トモ同氏竊ニ其術ヲ精窮《せいきゅう》シテ止マス、遂ニ解剖図誌ヲ著シ上梓シテ解剖家ノ始祖ト為レリ

爾後《じご》解剖学ヲ毀《こぼ》ツ者陸続蜂起セリト雖トモ其進歩ノ機沛然《はいぜん》禦《ふせ》クヘカラサルニ至レリ、方今《ほうこん》欧羅巴ノ大病院ニハ皆解剖室ヲ設ケ其屍ニ就テ不審ノ病証ヲ精覈《せいかく》シ、鑑別ノ当否ヲ察知シ以テ医ノ知識ヲ開カシム、此レヲ以テ衆庶皆ナ其陰徳ヲ被《こうむ》レリ

然トモ諸君欧羅巴ニ於テハ人屍ヲ得ルコト甚タ容易ト謂フコト勿レ、今尚異説ヲ立

活獣：生きた動物

闡発：前出（一三八頁）
領会：会得すること
曩古：むかし、いにしえ
冥々：混沌として見通しがないさま

家猪：ぶた
窖内：あなぐら
精研：くわしくけんきゅう

精窮：くわしく調べる

毀ツ：くずす
沛然：雨が一時に激しく降るように
方今：現今、ただいま
精覈：調べて明らかにする

テ争議スル者常ニ多シ、世人或ハ死后解剖ヲ怖テ病院ノ患者ト為ルコトヲ肯《がえ》ンセス、或ハ解剖ハ邦家ノ政度《せいど》ニ戻リテ宛《あたか》モ戮死《りくし》ノ刑ニ等シト云ヒ、或ハ法教《ほうきょう》ノ旨ニ背クト云者アリ、然トモ医士卓然不レ動益々主張シテ遂ニ官府ニ訟《うつたえ》テ云ク解剖学ナクンハ医学ノ教導ヲ施スニ縁ナシ、疾病ヲ死体ニテ精査セサレハ患者ニ臨テ的案《てきあん》ヲ立ツルコト能ハスト、諸官府モ亦其言ノ愷切《がいせつ》ニシテ欺《あざむ》カサルヲ知リ、且ツ病ノ診断正シケレハ克《よ》ク衆庶ニ健康ヲ得セシムルコトヲ悟ツテ遂ニ其議ヲ左祖《タスケ》タリ
今マ日本政府ノ深仁《しんじん》懿徳《いとく》ニ由テ新ニ此校ヲ経営シテ専ラ此ニ学ヲ脩《おさめ》セシム、諸君幸ニ刻苦勉励シテ此好機会ヲ失フコトナク政府ノ仁徳ヲ空フスルコト無クンハ予ニ於テモ何ノ幸ヒカ過レ之辛未正月十二日大坂医学校ニ謹誌ス

政度：法律
戮死：刑罰により死刑になる
法教：法律による教導
愷切：親切で丁寧
左祖：加勢する、味方する
深仁：ふかいなさけ
懿徳：美徳

⑽ 早春の旅　緒方研堂の郷村梁〔簗〕瀬他（嘉治隆一）

著者の嘉治隆一氏は朝日新聞社論説主幹、出版局長などを歴任。嘉治氏はかつて「早春の旅」と題して、岸田吟香や緒方研堂の郷村梁〔簗〕瀬、緒方洪庵の旧藩足守をとりあげ、雑誌『心』昭和三十七年十一月号に発表後、昭和四十八年（一九七三）、朝日新聞社刊『人と心と旅―人物万華鏡　後篇』に再録された。ここには「早春の旅」のうち、緒方郁蔵と緒方洪庵の項を収める。本書にはかつての盟友・緒方竹虎についても、「緒方竹虎――新聞界の好大人――」（初出は『文芸春秋』昭和二十七年十月号）が収録されている。

早春の旅

緒方研堂の郷村梁瀬[簗]

この日の運転手も第一日の津山行と同じF君である。県下の事情は掌を指すように詳しく、かつて来県して厄介をかけた文士や科学者を案内した折の実話を伝えること、甚だ詳細なものがあった。

玉島は国鉄山陽線の一駅である。国道第二号線を離れて、線路と直角の方向に田圃道を二粁も北上すると、旧山陽道に出る。矢掛本陣といわれる旧宿場は今も旧家が軒を並べて居る。小田、江原などを経て、井原町に着く。それより脇道に入り、西北に進めば、もとの梁瀬[簗]、今の後月《しっき》郡芳井町吉井に入る。江原を過ぎるころ、道の右手、北側の山の中腹に私立興譲館高校と称せられる歴史の旧い校舎がペンキ塗の姿を見せている。

吉井部落は高梁川の支流、吉井川の両岸に出来た静寂の山村である。先ず町役場に行く。そしてかねて県庁から連絡しておいて貰った教育委員会の教育長大戸安氏を訪ねた。そして直ちに川下に行き、氏の私宅に伴われた。なまこ壁の一構の邸の門前に緒方研堂宅址[旧宅]と刻んだ石柱が立てられていた。

ここで、何故に私がわざわざこの広島県境に近い梁瀬[簗]に車を走らせたか、その理由を記しておくこととする。大戸家は幕末まで、笠岡の北方、大戸村に藤原姓を名乗って定住していたそうである。そして当時の備中文化の一中心、梁瀬[簗]に転住した。その事情は明らかでないが、維新に際して大戸姓を名乗ることとなった。しかし、梁瀬[簗]に儒者で蘭医を兼ねていた山鳴大年という碩学がこの辺に私塾を設けていたことこそ、そのころの若人にとって一つの魅力であったことは容易に想像がつく。

この山鳴家の私塾が興譲館であり、前記の江原にあったものらしく、遠近の志ある子弟を薫育したのであった。[古西注：興譲館は阪谷朗廬の私塾で桜渓から江原へ移った]。大年は多勢の門下を陶冶したが、そのうち、二人の俊秀が名をなした。一人はもともと山鳴家の親類で、後月郡の北に接する隣郡川上郡九名出身の阪谷希八郎

（後の素、号朗盧［廬］）その人であった。

いま一人は、大戸萬吉の息、郁蔵で、幼児は戸泉幾三と名乗ったこともあるらしいが、後の緒方研堂に外ならない。そして阪谷素は恩師の儒学の方面を継承すると共に、その娘を娶り、師の学系を代表した。山鳴家はやがて維新後、山成と改めたが、いまも、吉井川の橋の袂に近い表街道に、「山鳴大年邸址」と刻んだ石柱が立てられている。

さて導かれて大戸家に入った私たちは、緒方研堂関係の書類、刀剣、肖像、写真など家宝の数々を展示せられた。次いで、周囲をかこむ山々のうち南方に見える丘陵を登って、向う側の山懐となった一角に横たわる桜渓という部落に案内せられた。この部落は戸数僅かに八軒、里人はここを桜渓といわず、桜部落と呼んでいるとか。いまはただ旧来の農耕の他に乳牛と養鶏とを生業としているに過ぎない。大戸教育長が私をそこへ案内せられたのは、そこに遺る阪谷塾の跡を見せんがためであった。旧私塾はさほど広くはないが、しっかりした平屋建で、いまは部落の藁納屋になっているらしい。傍らに一の大きな石柱が建てられ、「阪谷朗盧［廬］垂帷碑」「澁澤榮一書」と刻んである。蓋し、いうところの桜渓書院の跡に外ならない。

さて大年から蘭学の手ほどきを受けた大戸郁蔵青年は江戸に出て、先ず郷党の先輩で阪谷一族の昌谷精渓について漢学を修め、次いで、坪井信道塾に入って専心蘭学を修めた。坪井塾では同郷足守藩から留学している佐伯洪庵と相識ったのであった。

後にこの二人はともに大阪に出た。そして専ら蘭学を研修し、終に義兄弟となって、相謀ってともに緒方姓を名乗るに至った。そして、北の緒方塾を洪庵が、また南の緒方塾を研堂が主宰したのであった。

研堂はときどき大阪から梁瀬［簗］へ帰省したことがあったが、いつも大急ぎで、駕籠に乗って帰村し、直ちに大阪へ引返したという。大戸家は妹婿彌五郎に継がせ、その娘も同じく養子を迎えたわけで、安氏と知加恵夫人の夫妻が当主である。

さて大阪で緒方塾に学んだ伊藤某《［慎蔵］》という仁が有馬に近い名塩村で蘭学塾を開いていた。そこへやはり同じ岡山から入門していた妹尾道平という青年がいた。研堂は之《［彼］》を長女久重の養子に迎えた。この道平、久重の夫婦の間に雄平、大象、竹虎、龍などの子息が生まれたわけであった。

緒方洪庵の旧藩足守

端なくも、南緒方家の発祥地を訪れたのであるから、慾張り序に北緒方家の出た足守の地も一見したいという野望に私の胸は燃えた。かくして井原から再び矢掛へ旧山陽街道を東に急行し、真備町に入った。この辺には、吉備真備の遺跡とその母堂の塚と称せられるものが街道近くにあったが、四辺は既に暗く、星空のみが美しいのを見るに止まった。総社の町に薬種工場の少くなかったことだけがぼんやり印象に残っているに過ぎない。

車は高松町に入り、足守川岸の道路を北に折れて一路、「賀夜《［陽］》郡足守」に急行した。禄高二万五千石とはいえ、流石に落着いた城下町の感が深い。東道《（とうどう）》［古西注：案内役］の藤原氏はカーテンを降して半ば眠りにつこうとしている町役場の宿直室に行き、親切な中年の婦人に案内を依頼して下さった。お陰で夜更けながら足守の要所を一瞥することができた。

先ず町外れの解りにくい屋並みの間を潜って山手に入り、旧武家屋敷の廃墟の一角に導かれた。石段を登った上に、「洪庵緒方先生誕生之地」と刻んだ碑石が立てられていた。洪庵の息《［孫］》、緒方銈次郎と本来の佐伯立四郎との両氏が相計り建碑、洪庵の臍緒、産毛、頭髪などをここに埋めた旨が記されていた。

更に一旦、町役場に引返し、右横の道を行き、暗い山裾を流れる足守川の近くに入り込んだ。はるか田圃を距てた左手にたった一軒、明灯の見える邸がある。旧家老、杉原氏の住宅の由。

足守藩旧主は木下家で、初代が長嘯子、そして、末裔は利玄子となっている。木下家一族はもと杉原道松に発したという。その子、家定に至って始めて木下姓を名乗り、その人が秀吉の正室、北政所の兄にあたると伝え聞く。

木下家は足守に封ぜられる前には、播州宍粟《しそう》の山崎を領していた。姫路に近い山崎がいかに要地として見られていたかが判るが、そんな関係から山崎闇斎の父は足守藩木下家に仕えたことがある。

さて、旧城址は、足守川の流れに近く、今は近水園、吟風閣の名を以て呼ばれている。俗称ではオミヅという由。広場に泉池がある。その中島に旧藩主、木下利玄子を記念する碑石が立てられている。マッチを磨ってよく見れば、上部に和服半身のリリーフが彫られ、その下に和歌一首、

花びらをひろげつかれしおとろへに

牡丹おもたく蕚をはなるる

というのが、刻まれている。余り立派な出来ではないように思われた。蕚《がく》の字がマッチの灯でよく読めなかったら、案内の女性が親切に読み上げてくれた。

さらに向かって左手、山裾に近い部分に建てられた異様の二階家、吟風閣をさっと眺めるに留めて引返した。案内の女性がもう役場も近いから歩いて帰るというのを、寒くもあり暗くもあるからといって、たって勧めて車で送らせて貰った。その昔気質の純粋さを嬉しく思った。。もう山河も街もすっかり真暗闇に包まれ、鼻をつまれても判らない程であった。

大急ぎで、足守を引上げ、南へ車を走らせ、高松を過ぎ、吉備町を東に抜けて岡山へ帰った。吉備町にある吉備津神社はかつての官幣中社、先年ミシガン大学岡山調査所の人人と一拝した時の特色ある廻廊と社殿との姿が今も眼底にある。そして一宮町には、別に国弊中社の吉備津彦神社があると聞かされた。この方が年代が下がるらしいが、どうして似た神社が近所に二つも出来たのか。それにこの近所には雪舟のゆかりの寺院や土地も少くないと聞いた。いつかまた緩《ゆる》り一遊する機会をもちたいものと思った。何れにしても惶しい半日のうちに、両緒方家発祥の地を忽ち参観することに成功したのは、もちろん県当局の配慮と東道役の骨折りのお陰であり、私としても望外の会心事であった。

(11)　父祖の地をたずねて（緒方四十郎）

筆者の緒方四十郎氏（日本銀行岡山支店長）は第4章第5節の略系譜（八四頁）でも明らかなように、郁蔵の婿養子・道平の三男・竹虎の次男である。従って、郁蔵は曾祖父に当たる。掲載誌は、岡山県広報誌『おかやま』二〇五号（一九七三年十月号）。

日本銀行がなぜ私を岡山へ送ったのか、私はしらない。しかし、偶然にも、備中の国は私の父祖の地であった。曾祖父の郁蔵は、文化十一年（一八一四）、今の後月郡芳井町簗瀬〔古西注：現岡山県井原市芳井町簗瀬〕に生まれた。祖先が現在の笠岡市西大戸から移り住んだので、大戸という姓であった。同郷の阪谷素（朗盧［廬］）とともに同村の医師山鳴大年に師事した後、江戸に出て坪井信道から蘭学を学んだ。いったんは帰郷したが、坪井門下の先輩で足守出身の緒方洪庵が大阪に適塾を開くと、赴いてその塾頭となり、洪庵と兄弟の約を結んで緒方を名乗った。

　のちに郁蔵は分塾し、適塾の「北の緒方」に対して「南の緒方」とよばれた。双方の緒方家とも三ッ割中陰蔦家紋としたが、血縁はない。「北の緒方」からは今も名医が輩出し続けているが、私どもの「南の緒方」で医業を継いでいるものはもう二人しかいない。

　郁蔵は、幕末、土佐藩開成館の医局教頭となり、明治維新後は大阪の医学校において翻訳、教授および治療に当った。勉学に励み、酒を愛し、世事をかえりみず、大晦日も気がつかないほどであったという。「研堂」と号したが、「独笑軒」といういま一つの号も世評を意に介しない郁蔵の人となりを示している。

　明治四年（一八七一年）、郁蔵が五十数年の短い生涯をとじたとき、旧友阪谷朗盧《盧》が碑文を書いた。簡潔で友情にみちたこの名文は朗盧《盧》の文集の中にも組み入れられているが、父が達筆をふるったものの写真版が残されているだけで、碑文を刻んだものはなく、いまだに「幻の墓碑」となっている〔古西注：「幻の墓碑」の撰文の一部の写真が掲載されている〕。

　曾祖父の生地簗瀬へは、同地の十輪院の住職が私の母を訪問されたのがきっかけとなって、昭和三十三年六月、母とともにはじめておとずれることができた。そして、郁蔵の妹から四代目に当る大戸家の当主大戸氏をもたずねて、「緒方研堂旧宅」と彫りこまれた石柱の前で記念撮影をした。交通の発達していなかった幕末に、よくもここから江戸まで勉学に出かけて行ったものだというのが、母と私との共通の感慨であった。

　今回岡山へ来てからは、みたび簗瀬をおとずれた。一度は井原での会合で郁蔵の恩師山鳴大年の兄の後を継ぐ山成直志氏と会い、そのまま酒造家である山成家にお邪魔してしまった。だが、朗盧《盧》の創立した興譲館には、大戸氏の令息が教鞭をとっておられるというのに、まだ門前までしかうかがったことがない。

兄弟子洪庵の生地足守には、二度赴いた。最初のとき、道に迷って土地の女学生に洪庵の碑についてたずねたところ、誰一人として知っているものがなかった。しばらくして直ぐ近くに洪庵の生地の碑を探し当てたが、明治時代の文化的指導者を数多く育成した洪庵先生が郷里の青少年からはほとんど忘れられていることに、深い悲しみを禁じえなかった〔古西注：足守町にある緒方洪庵［生誕の地］碑をたずねた緒方四十郎氏の写真が掲載されている〕。

洪庵と郁蔵が活躍した大阪北浜の適塾には、十数年前、たずねてみたことがある。適塾の精神的継承者をもって任ずる阪大医学部が管理しているので、許可証がないと入れないということだったが〔古西注：現在は見学可〕、「緒方」という名刺を見せたところ、招じ入れられた。オフィス街の高層ビルの谷間にある木造二階家の階上には、塾生達が勉強したであろう部屋が昔のままに残され、壁には歴代の塾頭の名が列記されていた。一番最初が郁蔵であり、末期《〔ママ〕》の方に福澤諭吉の名があったことをおぼえている。

洪庵と郁蔵は、それぞれの夫人とともに、大阪東天満の龍海寺に眠っている。数多くの墓石の中で両家のだけが頭でっかちの珍しい形の墓石である。近くに「大村兵部大輔埋腿骨之地」と記された石柱がある。日本陸軍の創始者大村益次郎も適塾の出身であり、私が伯母からきいたところでは、郁蔵が刺客の凶刃に傷ついた大村の足を手術切断し、その骨をこの地に埋めたということである。

郁蔵の婿養子であった祖父の道平も、備中の国から出た。妹尾という姓で、弘化三年（一八四六）、今の吉備郡真備町箭田〔古西注：現岡山県倉敷市〕に生まれ、洪庵の門人伊藤慎蔵から蘭学を学んだのち郁蔵の塾に入り、養子として後事を託された。明治六年（一八七三）万国博がウィーンにおいて開かれた際、これまた適塾出身の佐野常民に随行してオーストリアに渡り、同地で山林学を学び、帰国して明治政府の官吏となり、内務省地理寮山林課、山形県庁、福岡県庁に奉職、退官後は福岡農工銀行に関与した。蘭学から銀行業まで転身できた大らかな時代を生きたわけで、その意味では、「わが家のベンジャミン・フランクリン」であったといってよい。

今年の二月、真備町の公民館で講演した際、道平の兄と弟の後を継ぐ妹尾家の人達と会い、同家累代の墓にも詣でた。墓所は、大塚古墳より東に位置しているが、同じような素晴らしい竹林にかこまれて、豊かな吉備の里を見下ろしている。

道平が山林学を学んだのは、私の家の記録では、マリアブルン大学となっている。昭和三十七年六月ロンドンへ赴任の途次、私はウィーンに二日間滞在してこの学校を探してみたが、ついに判らなかった。現在はユーゴスラビア領となっている地域ではないか、という話をきいたことがある。

欧州から帰朝するとき、道平は、ローマから海路日本へ向ったようである。かつて私が旧制高校の文科乙類に進み、ドイツ語を第一外国語とすることになったとき、質素で物持ちのよかった祖母は、祖父が帰国のとき用いたドイツ語の手帳を私にくれたが、その中の薄い鉛筆書きによって、一世紀前の道平の足どりをかすかにしのぶことができる。

道平と私とは、わが家におけるただ二人のバンカーである。祖父は、父が朝日新聞の記者になったことに内心満足ではなかったという。それだけに、私が日銀に就職したとき、父母から「おじいちゃんが生きておられたら」といわれた。今春私は、はからずも岡山県の農政審議会に加わることとなり、総合と畜産の二つの部会に配属されたが、もし林業の部会にまわされたら、この面でも祖父のあとを襲うことができたのに、という詰まらぬ感傷が私の心を横切ったものである。

父祖の地をたずねる私の巡礼は、なかなか終りそうにない。身近なものの足跡を辿ることによって生きた歴史を学ぼうというのが私の目的であるが、維新直前のわが国において「文明開化」を求めてやまなかった緒方塾の人々の気概を忘れてはならないと反省する今日この頃である。

元自由党総裁緒方竹虎さんが存命ならば、日本の政治も今とはだいぶ変わった様相のものになっていたかもしれない。その緒方さんの三男四十郎さんが、昨年日本銀行岡山支店長として赴任された。それまで、足守が産んだ緒方洪庵とこの緒方家の結びつきを考えた人は少なかったであろう。いわんや阪谷朗盧〔廬〕先生との関係など、ほとんど知る人はないかもしれない。

ことしは井原の興譲館百二十年記念の年にあたり、この間の消息を緒方支店長の手記から知ることができるのは、まことに時宜を得たものといえよう。（岡山県副知事・荒木栄悦）

緒方郁蔵年譜

元号（西暦）	年齢	事項
天明　六年（一七八六）		山鳴大年誕生。
文化　八年（一八一一）		大年二十六歳。郷里簗瀬で医業を開くとともに、村内の子弟の人材育成にあたった。この年に結婚。
十一年（一八一四）	一	備中国後月郡簗瀬村で誕生。名は郁、字は子文、通称郁蔵、研堂また独笑軒と号した。
文政　五年（一八二二）	九	簗瀬村の山鳴大年に五年ほど漢籍を学ぶ。
十年（一八二七）	十四	この年、山鳴大年、笠岡で開業する。 この頃、江戸の昌谷精渓に漢籍を学ぶ。
天保　四年（一八三三）	二十	江戸の坪井信道の塾で蘭書を学ぶ。
五年（一八三四）	二十一	二月、江戸大火、昌谷精渓塾が消失。 この年、父の命で帰郷する。

天保　七年（一八三六）	二十三	この頃、岡山吉備津神社門前町の宮内遊廓内に宿泊して近隣に住む某医に「ヅーフ・ハルマ字書」をみせてもらい、多数の月日をかけて筆写。
九年（一八三八）	二十五	緒方洪庵が大坂に蘭学塾・適塾を開いたので、山鳴弘斎とともに入門。 この頃、洪庵夫人八重、歳末に郁蔵に黒羽二重の紋服および羽織等一着新調したが、郁蔵は昼夜これを着して更衣せず、夫人を困惑させた。 この頃、「ヅーフ・ハルマ字書」を三部作成して三百金をえて、一夜新町で豪遊して一銭も残さなかった（たとえ話か）。
十一年（一八四〇）	二十七	九月十二日　京都の医師長柄春龍への養子問題が起こったが、実現しなかった。
十二年（一八四一）	二十八	九月、山鳴大年は笠岡から十五年ぶりに郷里・簗瀬に戻って開業。
弘化　元年（一八四四）	三十一	この頃、独笑軒塾を瓦町二丁目浪花筋東入る南側に開く。適塾に近いため、ほどなく北久宝寺町に移転する（南塾）。
二年（一八四五）	三十二	適塾が津村東之町（瓦町四丁目）から過書町（北浜二丁目）に移転（北塾）。
嘉永　二年（一八四九）	三十六	十一月七日、大坂の除痘館が創立し、郁蔵も社中の一人として種痘施行とその普及に尽力した。
三年（一八五〇）	三十七	春、種痘書『散花錦嚢』全二巻を適適斎蔵板として出版。
五年（一八五二）	三十九	十一月、相撲見立大坂医師番付に始めて緒方郁蔵の名が掲載され、以後文久三年まで八回、十二年間続いた。

安政 元年（一八五四）	四十一	閏七月二十六日、土佐藩より西洋学術の翻訳の仕事を依頼され、二十人扶持を受ける。 ロシア軍艦が天保山に来泊し、適塾生とともに通訳の任にあたる。
三年（一八五六）	四十三	原老柳の姪で、摂州西宮の辰馬庄三郎の次女エイ子と結婚。 この頃、北久太郎町三休橋通［筋］西へ入る南側へ塾を移転。 この年、師の山鳴大年死亡（七十一歳）。
五年（一八五八）	四十五	緒方洪庵と共訳の『扶氏経験遺訓』全三十巻の翻訳出版を開始して文久元年まで四年がかりで完結する。 この頃、除痘館を辞した。
六年（一八五九）	四十六	この頃から万延元年まで一～二年体調不良か。
文久 二年（一八六二）	四十九	八月、緒方洪庵は幕府に召されて奥医師となり、次いで、西洋医学所頭に任ぜられた。 十二月、『日新医事鈔』というシリーズで西洋医学の新知識を紹介することとし、一冊目の『療疫新法』（全一巻）を刊行。
三年（一八六三）	五十	正月二十三日、大坂長堀藩邸で緒方郁蔵・池内陶所・呉北渚が土佐容堂より招待される。その帰路、池内陶所が遭難する。 六月十日、緒方洪庵が江戸で病死。
慶応 二年（一八六六）	五十三	春、『日新医事鈔』シリーズの第二冊目として『内外新法』（全三巻）を刊行。

三年（一八六七）	五十四	この頃、「薬性新論」全十五巻の稿成る（杏雨書屋蔵）。 土佐藩は開成館を設けて医学・洋学・砲術・通商・算数・捕鯨などの各局を設け諸科学術を藩士に教授するのに当たって、郁蔵を医局の教頭に任命。 九月、長男太郎（十歳）と書生安藤達平・別府謙太郎、僕弥助を連れて高知へ赴任。 八月、別府生と僕弥助が帰り、九月、松本端が交代して高知へ赴く。 この頃、郁蔵は毎日開成館に登校して生理学や病理学等を講義、退いてのちの余暇、翻訳に従事し深更におよぶ。日々診察を請う者があるので、一・六の休暇日の午前を診察日と定めた。 この開成館は総督が藩士細川潤次郎で洋学局頭取を兼ね、医局教頭は郁蔵、藩医山川良益は頭取、それに町田権蔵・横山敬策・島崎溶庵が助手として加わる。他に英学や仏学教頭など。このなかで親しい人は細川潤次郎・島崎溶庵らで、来訪すると対酌して蘭語を交えて談論、必ず鶏鳴にいたる。
明治　元年（一八六八）	五十五	二月二十三日、藩主山内侯の朝覲随従を命ぜられ、端一人が付随し即日シュリンセンと称する蒸気船に乗船した。 二十五日、神戸港の仏国軍艦の傍らに投錨する。堺事件解決のために藩

明治　二年（一八六九）　五十六

主が小艇に乗り換え、仏艦に赴いて謝し、無事に帰還。

三月十五日、藩主の帰国に従って高知に赴く。帰路は小汽船なので端は随従者や他の従者と無蓋小帆船で先発、甲浦港で十七日午後、山内侯の船が通過するのを待って浦門へ向かう。峻険な野根山を越え、三日ほどで高知に到着したが、その途次、領民から郁蔵不在に失望の声が流れた。

閏四月十七日、土佐藩より俸禄はそのままで大坂在住を許され、翻訳に従事。

官録二百石を賜る。

五月十四日、病院取建てにつき掛りを仰せ付けられる。

同月同日、病院取建てにつき場所・医師・制度・規則などを取り調べる。

六月十五日、播州明石藩老侯の聘に応じて往診（過去に二～三回あった）。藩の和船は先生の輿と輿丁等八名を乗せて兵庫港に着き、藩用達の旅館に泊り、十六日陸路で明石にいたる。旅館は見習亭。郁蔵は直ちに館入りして診察。十七日朝、再度診察し午後帰路に就く。金百両と生魚一舟などを拝受。

十二月、病院掛りを仰せ付けられる。

二月、上本町四丁目大福寺に大坂仮病院が創立される。教師ボードイン、院長緒方惟準、副院長篠原周庵、医員は緒方拙斎・小野篠庵・大井卜新・

明治三年（一八七〇）　五十七

中欽哉・小野元民・有沢基次。

八月、西洋医取調べを申し付けられる。

十一月八日、大学少博士に任じ正七位に叙せられる。

十一月、大坂在勤を仰せ付けられる。

十一月、翻訳業務を仰せ付けられる。

十二月、『官版日講記聞』第一巻（全十一巻のうち）発刊、以後毎月一冊刊行。蘭医ボードイン口授、緒方少博士（郁蔵）訳、大坂医学校刊。

東区鈴木町代官屋敷跡に医学校及付属病院を建築し大坂仮病院を移す。校長＝岩佐純・林洞海・石井信義、院長＝高橋正純、通訳官＝三瀬周三・鈴木宗泰、教官兼翻訳官＝村治重厚・熊谷直温・安藤正胤・副島之純・横井信之・松村規明・中泉正、医員＝平井澄・山本信卿・森鼻宗次・島周達・菊池篤忠・高安道純・匹田修庵・梅谷謙堂。緒方郁蔵は翻訳を教授し、治療も兼務する。

北久太郎町三丁目は医学校に遠く勤務に不便なので、泉町二丁目（現：大阪市中央区和泉町二丁目）御祓《おはらい》筋西南角に新築して移転。

四年（一八七一）　五十八

正月十二日跋の『開校説』を刊行。和蘭医官エルメレンス撰、緒方郁蔵訳、大坂医学校刊。

二月、備中下道郡箭田村妹尾康信（郷士）の三男道平を養子とする。道

	平は慶応二年摂州名塩村蘭学医伊藤慎蔵に学び、独笑軒塾にも入塾。郁蔵没後、弟妹の教育に勤め、皆各々盛名をあげる。七月九日、咽頭悪性腫瘍にて病没、享年五十八歳、大阪天満の龍海寺に葬る。
明治　六年（一八七三）	二月、道平、東京に移住して内務省に奉職し、オーストリア博覧会日本館事務官として渡欧し、山林学を修めて帰朝し累進。山形県・福岡県の書記官となる。明治三十年に退官して、明治三十一年、福岡農工銀行頭取に推されて永年勤める。
十三年（一八八〇）	六月十三日伊藤慎蔵没、五十五歳。
三十二年（一八九九）	五月十六日、夫人エイ子（戸籍上ラム子）病没、享年六十六歳。三男一女を生んだが、温厚篤実の人でよく子女の教育につとた。大阪龍海寺の緒方郁蔵の墓側に葬る。
大正　八年（一九一九）	十二月二十七日、正七位から従五位の位階追贈を受ける。
平成二十六年（二〇一四）	生誕二百周年を迎える。

参考文献

【全　般】

松本端編「研堂緒方郁蔵先生伝」（略称「郁蔵略伝」）／『医譚』復刊七十八号、二〇〇二年／本書第5章資料(1)
阪谷朗盧編「研堂緒方先生碑」（阪谷素［朗盧］編『朗盧全集』、阪谷芳郎刊、一八九三年／本書第5章資料(2)）
阪谷朗盧編「研堂緒方先生墓碣銘」（一枚刷／本書第5章資料(3)）
阪谷朗盧編「独笑軒記」（前掲『朗盧全集』／本書第5章資料(4)）
古西義麿「緒方郁蔵と独笑軒塾」（有坂隆道編『日本洋学史の研究Ⅳ』、創元社、一九七七年）
大阪府公文書館蔵「独笑軒塾法・附門人姓名、研堂緒方郁蔵辞令　写」
日蘭学会編『洋学史事典』（雄松堂出版、一九八四年）
『高知県人名事典』新版（高知新聞社、二〇〇〇年）
大槻如電原著・佐藤栄七増訂『日本洋学編年史』（錦正社、一九六五年）
寺石正路『土佐偉人伝』（富士越書店、一九二一年）
『角川地名大辞典39高知県』（角川書店、一九八六年）
緒方竹虎伝記刊行会編『緒方竹虎』（朝日新聞社、一九六三年）

適塾記念会編・刊『適塾門下生調査資料　第一集』（一九六八年）
除痘館記念資料室編・刊『緒方洪庵没後一五〇周年　大阪の除痘館』（二〇一三年）
古西義麿編『大坂医師番付集成』（思文閣出版、一九八五年）
古西義麿『緒方洪庵と大坂の除痘館』（東方出版、二〇〇二年）
緒方富雄『緒方洪庵伝』（岩波書店、一九六三年）
『井原市芳井町史　通史編』『同　史料編』（井原市、二〇〇七・二〇〇八年）
山下五樹『阪谷朗廬の世界』（日本文教出版、一九九五年）
阪谷芳直『三代の系譜』（みすず書房、一九七九年）
市立大阪市民博物館編・刊『贈位郷賢事績展覧会記念誌』（一九二四年）

［はじめに］

富士川游「緒方郁蔵先生」（『中外医事新報』第三八三号、一八九六年）
愛媛県歴史文化博物館編・刊『特別展　三瀬諸淵――シーボルト最後の門人――』（二〇一三年）

［第1章　生い立ち］

井上奈緒「山鳴大年と芳井の蘭学者たち」（『史談いばら』第十四号、一九八五年）
廣澤澄郎著・刊『緒方郁蔵の研究』（二〇〇九年）
金子光晴校訂『武江年表2』（平凡社、一九八七年）

蟹庵主人「鼂翁断簡」（『笠岡史談』第二十号、一九八一年）
青木一郎編『坪井信道詩文及書翰集』（岐阜県医師会、一九七五年）
京都府医師会編・刊『京都の医学史』（一九八〇年）
「橋本左内より笠原良策宛書状（嘉永四年五月二十七日付）」（景岳会編『橋本景岳全集』上巻、畝傍書房、一九四三年）
小田晧二「山鳴大年に宛てた洪庵と郁蔵の書簡」（『日本医史学雑誌』第十五巻一号、一九六九年）

［第2章　独笑軒塾の開塾とその展開］

「橋本左内より笠原良策宛書状（嘉永四年五月二十七日付）」（前掲『橋本景岳全集』上巻）
緒方鉎次郎「独笑軒塾則について」（『医譚』第六号、『日本医事新報』第九四二号、『大阪史談会報』第四巻六号、いずれも一九四〇年）
片桐一男「蘭学者の地域的、階層的研究――門人録の分析を続って――」（『法政史学』第十三号、一九六〇年）
長尾政憲「幕末洋学史における適塾の地位」（『法政史学』第二十七号、一九七五年）
沼田次郎『幕末洋学史』（刀江書院、一九五二年）
山本大編『図説高知県の歴史』（河出書房新社、一九九一年）
広島県立歴史博物館編・刊『医師・窪田次郎の自由民権運動』（一九九七年）
きつき城下町資料館編・刊『城下町杵築伝統の医家、佐野家歴代の遺芳』（二〇〇三年）
中山薫「緒方道平の生誕地」（『適塾』第四十六号、適塾記念会、二〇一三年）

片山純一「海軍軍医総監・戸塚文海のこと」（『高梁川』第六十七号、高梁川流域連盟、二〇〇九年）
「戸塚文海先生墓碑」（『中外医事新報』第五四四号、一九〇二年）
愛珠幼稚園編・刊『愛珠幼稚園沿革誌』（一九〇二年）
「北浜学校日誌（1）」（『教育研究紀要』第一一一号、大阪市教育研究所、一九七〇年）
『有馬郡誌　下巻』（中央印刷、一九七四年、初版一九二九年）
中野操「明治初期の啓蒙医家・森鼻宗次」（『大坂名医伝』、思文閣出版、一九八三年）
寺畑喜朔「注射に関する書誌的研究（２）」（『古医書月報』第三十八号、一九七六年）
古西義麿「大坂の除痘館分苗所調査報告(2)」（『適塾』第三十九号、二〇〇六年）
松本端編「大阪市種痘歴史　上・下」（有坂隆道・浅井允晶共編『論集日本の洋学Ⅰ・Ⅱ』、清文堂出版、一九九三・九四年）
古西義麿「大坂の除痘館における出張をめぐって」（『御影史学論集』第三十八号・横田健一先生追悼号、二〇一三年）
大阪府立図書館編・刊『大阪名家著述目録』（一九一四年）
浅井允晶「適塾と除痘館――牛痘法普及における適塾の役割をめぐって――」（有坂隆道・浅井允晶共編『論集日本の洋学Ⅳ』、清文堂出版、一九九七年）
浅井允晶「モーニッケ苗受容の前提」（前掲『論集日本の洋学Ⅰ』）
浅井允晶「泊園書院と適塾――幕末における大阪の学問――」（『歴史と神戸』第七巻二号、一九六八年）
佐々木礼三「緒方洪庵の手紙二通（有馬摂蔵のこと）」（『医譚』復刊第二十六号、一九六二年）

億川摂三「緒方洪庵門下の三蔵（緒方郁蔵、有馬摂三、伊藤慎蔵）に就て」（『医譚』第二号、一九三八年）
緒方富雄編『緒方洪庵のてがみ　その二』（菜根出版、一九八〇年）
中村昭「緒方洪庵『扶氏経験遺訓』翻訳課程の検討」（『日本医史学雑誌』第三十五巻三号、一九八九年）
岡鹿門『在臆話記』（『随筆百花苑』第一巻、中央公論社、一九八〇年）
宇野量介「岡鹿門と洋癖」（『随筆百花苑』第二巻・附録五号、中央公論社、一九八〇年）
「扶氏医戒之略」（前掲『緒方洪庵伝』）
日本学士院編『明治前日本医学史』第一巻（日本古医学資料センター、一九七八年）
相川忠臣「抱氏（ボードイン）病理内科各論の原典について」（『医譚』復刊第九十七号、二〇一三年）
富士川游他「龍海寺に葬れる医家先哲を偲ぶ会」（『日本医事新報』第九二九号、一九四〇年）
岩治勇一「大野洋学館教授伊藤慎蔵の書翰」（『奥越史料』第七号、一九七八年）
中野操「偉大なワキ師・緒方郁蔵」（前掲『大阪名医伝』）
緒方銈次郎「露艦大阪入津と緒方塾」（『日本医事新報』第九三七号、一九四〇年）

〔第3章　土佐藩の医学・洋学研究と緒方郁蔵〕
文部省編・刊『日本教育史資料』（一九〇三年）
平尾道雄「緒方郁蔵と独笑軒塾」（『朝日新聞』一九七五年八月九日付大阪版夕刊学芸欄）
平尾道雄『土佐医学史考』（高知市民図書館、一九七七年）
平尾道雄『山内容堂』新版（吉川弘文館、一九八七年）

平尾道雄編「土佐藩医道史纂」（高知市民図書館蔵）
荻慎一郎他『高知県の歴史』（山川出版社、二〇〇一年）

［第4章　大阪医学校時代］

三高同窓会編・刊『神陵小史』（一九三九年）
三高同窓会編・刊『神陵史』（一九八〇年）
神陵史資料研究会編・刊『史料神陵史』（一九九四年。一九四九年にまとめられた「稿本神陵史」を出版したもの）
大阪府史編集室編『大阪府布令集』全三巻（大阪府、一九七一年）
『復古記』第四巻（内外書房、一九二九年）
松田武「大阪府仮病院の創設(1)・(2)」（『大阪大学史紀要』第一・二号、大阪大学五十年史資料・編集室、一九八一・八二年）
緒方玄蕃少允（緒方惟準）『喑《ボウ》嗚《ウ》嗄《ド》嘆《イン》袖珍方双』（全四巻、適適斎蔵板、一八六九年）
緒方銈次郎「浪華仮病院（初代大阪医学校）を語る（中）」（『関西医事』第四五〇号、一九三九年）
古西義麿「幕末における第二回オランダ留学生」（有坂隆道編『日本洋学史の研究Ⅷ』、創元社、一九八七年）
中山沃「緒方洪庵の足守藩内での種痘と備前藩主の診察」（『適塾』第三十五号、二〇〇二年）
古西義麿「大坂の除痘館における出張をめぐって」（前掲『御影史学論集』第三十八号）
春日顓（通称寛平・名載陽）著／春日育造編『載陽遺稿』三巻三冊（春日健造、一九二三年）
明石公園編・刊「明石城の歴史」（二〇一三年）

中山薫「緒方道平の生誕地」（前掲）
緒方道彦著／小林紘編・刊「緒方道彦―その世界」（二〇〇八年）
井上奈緒「山鳴大年と芳井の蘭学者たち」（前掲）
古西義麿「摂州兵庫分苗所伊藤立節の墓碑について」（『医譚』復刊九十七号、二〇一三年）
中野操「大庭雪斎と大坂」（『医譚』復刊第四十七号、一九七五年）
小田晧二「山鳴大年にあてた洪庵と郁蔵の書簡」（前掲）
緒方富雄編『緒方洪庵のてがみ　その二』（前掲）
古西義麿「伊藤慎蔵伝をめぐって――名塩時代を中心に――」（有坂隆道・浅井允晶共編『論集日本の洋学Ⅴ』、清文堂出版、二〇〇〇年）
梅原忠治郎編・刊『松田正助翁年譜』（一九四〇）
大橋昭夫『後藤象二郎と近代日本』（三一書房、一九九三年）

あとがき

学士入学した関西大学史学科を卒業して、仕事をしながら歴史研究の道をたどったため、最初の論文を書きあげるまでに十余年かかっていた。その論文が「緒方郁蔵と独笑軒塾」（昭和五十二年）だった。その後、研究の中心が大坂の除痘館研究に軸を移したこともあって、以後は折々に郁蔵について考える機会を持つこととなったが、平成二十三年（二〇一一）秋に、郁蔵の生家近くで講演をさせていただき、郁蔵伝記の執筆という気持ちが芽生え、平成二十五年（二〇一三）にいたって来年は緒方郁蔵生誕百周年となって重い腰をあげることになった。

本書にまとめた緒方郁蔵の生涯はまことに不十分なもので、読者が郁蔵をどの程度理解していただけるかに自信はない。しかし、混沌とする幕末の社会にあって、未来を見すえて医学研究に打ち込んだ郁蔵の姿から何かを感じとっていただけよう。時代の王道は歩まなかったが、時代を支え、その時代の証言者になり得るような、足元を見つめた日々の生活は現代においても生きる力を与えよう。

文久二年（一八六二）緒方洪庵が江戸へ赴任した後、郁蔵の往診に出かける輿《こし》が小さな輿から大輿に代わったと「郁蔵略伝」に記されている。それまで本家に遠慮していた郁蔵の姿が浮かびあがる。郁蔵にとつて、ここからが本当に自立したことになるのだろうか。慶応二年（一八六六）に出版した『内外新法』には郁蔵の医学研究にとりくむ姿が浮き彫りにされている。幕末と大坂医学校時代に執筆された二本の書軸にも医学へのとりくみが語られている（四二・四八頁参照）。真摯に生きた幕末蘭方医の生き様《ざま》を物語る。

二年間の土佐高知赴任はよき同志を得て、激動する土佐藩内の動向を肌で感じながらも邁進した。維新を迎えて、ボードインや、とくにエルメレンスの、西洋の医学を中心に最新科学を伝えようとする御雇い外国人に接して、血たぎる想いで日々仕事を進めたのではなかったか。一方で体調不良に見舞われ、悔しい思いもしたに違いない。しかし、洪庵亡き後、大阪の医界を支えた緒方郁蔵の存在は、あの『開校説』にみるエルメレンスの希望に満ちた言葉の翻訳に開花したのではなかろうか。

本書を出版するに当たり、大阪大学適塾記念センター、岡山県広報課、大洲市立博物館、先人顕彰会・井原、静嘉堂文庫、緒方洪庵記念財団、朝日新聞社、中央公論社、大戸家（大戸貴美江・大戸陽子両氏他）、緒方家（緒方一太郎・緒方四十郎・緒方紘一・緒方尚紘各氏他）、梅溪昇、水田紀久、米田該典、浅井允晶、園尾裕、片山純一、大島千鶴、石井義浩、山成遠平、山田広志、川上潤、福田舞子の各氏にお世話になった。記して御礼申しあげます。

また、思文閣出版の原宏一氏には大変お世話になりました。ありがとうございました。

平成二十六年八月六日　　著　者

◆ 挿図一覧 ◆

◎著者略歴◎

古西義麿（こにし　よしまろ）

昭和10年　兵庫県丹波市生
学歴：近畿大学理工学部（二部）・関西大学文学部史学科
文学博士（関西大学）
職歴：武田薬品工業・大阪市立図書館・大阪青山短期大学（現大阪青山大学／非常勤）
現職：除痘館記念資料室専門委員（緒方洪庵記念財団内）・橋本まちかど博物館長
著書：『鶴牧藩日記』（清文堂出版，1972年）『大坂医師番付集成』（思文閣出版，1985年）『緒方洪庵と大坂の除痘館』（東方出版，2002年）ほか論文多数
住所：堺市北区百舌鳥西之町1-98-2　陵南住宅2-402

緒方《おがた》郁蔵伝《いくぞうでん》――幕末蘭学者《ばくまつらんがくしや》の生涯《しょうがい》――

2014（平成26）年10月31日発行

定価：本体2,500円（税別）

著　者　古西義麿
発行者　田中　大
発行所　株式会社　思文閣出版
〒605-0089 京都市東山区元町355
電話 075-751-1781（代表）

印　刷
製　本　株式会社 図書印刷 同朋舎

ISBN978-4-7842-1774-8　C1021